Full Stack Serverless

풀스택 서버리스

| 표지 설명 |

표지 동물은 남양쥐돔(*Paracanthurus hepatus*)입니다. 이 물고기는 인도양과 태평양을 걸쳐 넓은 지역에서 볼 수 있습니다. 남양쥐돔은 팰릿서전피시palette surgeonfish, 플래그테일 서전피시flagtail surgeonfish, 히포탱hippo tang 등 다양한 이름으로 불립니다.

다 자란 남양쥐돔은 타원형 몸통과 선명한 푸른색을 띠며 눈부터 등, 꼬리까지 어두운 파란색 줄무늬가 있습니다. 또한 밝은 노란색 가슴 지느러미와 꼬리 지느러미도 있습니다. 어린 남양쥐돔은 노란색이며, 눈 주위에 파란 반점이 있습니다. 다 자란 남양쥐돔은 평균 길이가 20~30cm이고, 무게는 0.5kg이 조금 넘습니다. 야생에서의 수명은 8~12년입니다. 남양쥐돔이 서식하는 산호초나 바위가 많은 지역에는 주요 먹이인 조류가 많습니다. 지나치게 많은 해조류를 제거하고, 산호가 질식하는 것을 방지하며 산호초 생태계에 귀중한 영향을 끼칩니다. 날카로운 이빨과 작은 입으로 고르지 않은 표면의 먹이를 먹을 수 있습니다. 남양쥐돔은 보통 다양한 종류의 어류로 구성된 곳에서 서식합니다. 이는 보호를 받고, 식량을 확보하는 데 도움을 얻을 수 있기 때문입니다. 남양쥐돔은 포식자를 만났을 때 죽은 척하는 것으로 유명합니다. 또한 몸 위아래에 날카로운 가시가 있고, 꼬리 지느러미에는 독이 있는 가시가 있어 참치나 그루퍼 같은 포식자에게 깊고 고통스러운 상처를 입힐 수 있습니다. 수컷은 영역 싸움에서 이 가시를 사용합니다. 남양쥐돔은 수족관에서 인기가 많습니다. 〈니모를 찾아서〉와 〈도리를 찾아서〉의 인기 캐릭터인 '도리'가 남양쥐돔입니다. 오라일리 표지에 등장하는 동물은 대부분 멸종 위기종입니다. 이 동물들은 모두 소중한 존재입니다. 표지 그림은 『Natural History: Fishes』에 실린 흑백 판화를 바탕으로 수잔 톰슨Susan Thompson이 그린 것입니다.

풀스택 서버리스

리액트, AWS, 그래프QL을 이용한 최신 애플리케이션 개발

초판 1쇄 발행 2021년 7월 5일

지은이 네이더 다빗 / **옮긴이** 김범준 / **펴낸이** 김태헌

펴낸곳 한빛미디어(주) / **주소** 서울시 서대문구 연희로2길 62 한빛미디어(주) IT출판부

전화 02-325-5544 / **팩스** 02-336-7124

등록 1999년 6월 24일 제25100-2017-000058호 / **ISBN** 979-11-6224-448-7 93000

총괄 전정아 / **책임편집** 서현 / **기획 · 편집** 박용규

디자인 박정화 / **전산편집** 이경숙

영업 김형진, 김진불, 조유미 / **마케팅** 박상용, 송경석, 한종진, 이행은, 고광일, 성화정 / **제작** 박성우, 김정우

이 책에 대한 의견이나 오탈자 및 잘못된 내용에 대한 수정 정보는 한빛미디어(주)의 홈페이지나 아래 이메일로 알려주십시오. 잘못된 책은 구입하신 서점에서 교환해드립니다. 책값은 뒤표지에 표시되어 있습니다.

한빛미디어 홈페이지 www.hanbit.co.kr / **이메일** ask@hanbit.co.kr

지금 하지 않으면 할 수 없는 일이 있습니다.
책으로 펴내고 싶은 아이디어나 원고를 메일(writer@hanbit.co.kr)로 보내주세요.
한빛미디어(주)는 여러분의 소중한 경험과 지식을 기다리고 있습니다.

Full Stack Serverless

풀스택 서버리스

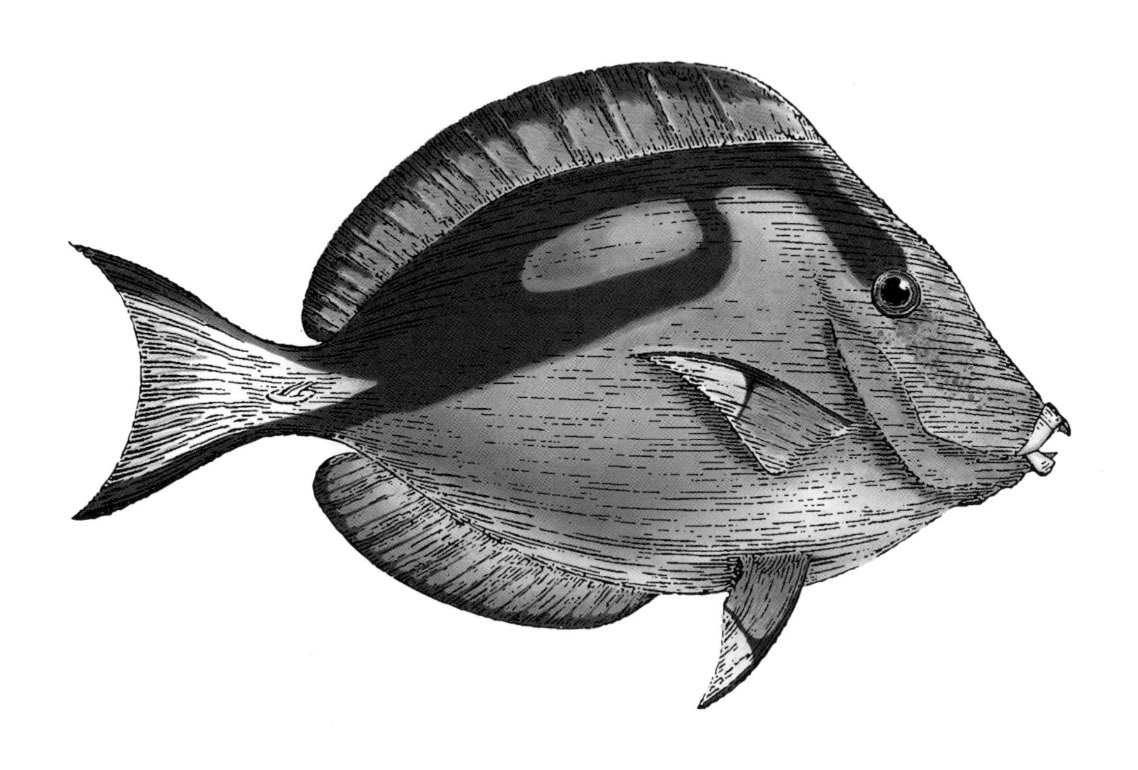

O'REILLY® HB 한빛미디어 Hanbit Media, Inc.

추천사

네이더 다빗은 서버리스 기술을 여러 사례와 시나리오를 통해 훌륭하게 설명합니다. 이 책으로 다양한 예제 프로젝트를 구현해보면 더 나은 애플리케이션을 구축하는 데 필요한 서버리스 기술을 더 빨리 익힐 수 있을 겁니다.

브라이스 윌슨Brice Wilson (강사 겸 컨설턴트)

풀스택 애플리케이션을 개발하는 것은 크게 어렵지 않습니다. 이 책은 애플리케이션을 준비하고 사용할 수 있는 쉽고 효과적인 방법을 제시합니다.

페미 올라데이Femi Oladeji (프런트엔드 개발자)

풀스택 서버리스로 그래프QL, AppSync, 클라우드를 이용한다면 복잡한 작업 없이 애플리케이션 구축에만 집중할 수 있습니다.

올리버 키슬러Oliver Kiessler (풀스택 개발자)

네이더 다빗은 서버리스 웹 개발을 대중에게 알리고 있습니다. 풀스택 서버리스는 AWS Lambda, Cognito, AppSync를 사용하여 작업을 개선하고자 하는 모든 웹 개발자에게 꼭 필요한 책입니다.

아담 라키스Adam Rackis (라이엇 게임즈 소프트웨어 엔지니어)

지은이·옮긴이 소개

지은이 **네이더 다빗**Nader Dabit

크로스 플랫폼과 클라우드를 활용한 애플리케이션을 전문으로 하는 웹 및 모바일 개발자. 아마존 웹 서비스에서 클라이언트 팀과 기능을 개발하고 클라이언트 사이드 SDK의 개발자 경험developer experience (DX)을 개선하고 있습니다. AWS에서 근무하기 전에는 아마존, 마이크로소프트, 세일즈포스, 아메리칸 익스프레스American Express 등의 회사에서 리액트와 리액트 네이티브 프레임워크를 사용하여 애플리케이션을 구축하는 방법을 교육했습니다.

옮긴이 **김범준** alchemist85k@gmail.com

IT 기술을 이용해 무엇인가를 만들고 가르치는 것이 좋아서 꾸준히 여러 활동을 하고 있는 풀스택 개발자입니다. 여러 회사를 거쳐 센드버드SendBird라는 글로벌 B2B 회사에서 근무하다 현재는 새로운 도전을 준비하고 있습니다.

옮긴이의 말

일반적으로 대부분의 웹사이트 혹은 애플리케이션은 프런트엔드와 백엔드가 모두 필요합니다. 그렇기 때문에 한 명의 개발자가 모든 것을 개발하기에는 기술적으로도 시간적으로도 어려움이 있습니다. 하지만 이 책에서 소개하고 있는 AWS Amplify를 이용하면 한 명의 개발자가 쉽고 빠르게 개발부터 배포까지 처리할 수 있습니다.

이 책은 AWS Amplify를 이용한 풀스택 서버리스 애플리케이션 구축 방법을 소개합니다. 여러 가지 예제를 통해 Amplify를 이용한 개발 방법을 경험하고 쉽게 이해할 수 있도록 돕습니다. 아직 AWS Amplify를 써보지 않은 개발자에게는 새로운 개발 방법에 대한 좋은 경험이 되리라 생각합니다.

원서를 처음 번역하면서 난해한 문장을 우리말로 옮기고, 적절한 단어를 선택하는 데 고민이 많았습니다. 최대한 원서의 내용을 해치지 않는 선에서 번역하고 이해를 돕기 위해 의역을 했지만 조금 더 쉽고 자세하게 전달할 방법이 있지 않았을까 하는 아쉬움이 남습니다.

번역을 시작할 수 있도록 도와주신 박지영 님에게 감사드리고, 번역 경험이 없는 저를 믿고 언제나 친절하게 설명해주신 박용규 편집자님에게도 감사의 인사를 드립니다. 언제나 항상 곁에서 응원하며 힘이 되어준 아내 명주와 멀리서 응원해주시는 장인어른, 장모님 그리고 부모님께 감사와 사랑을 보냅니다. 마지막으로 언제나 의지가 되는 친구들에게도 감사의 인사를 보냅니다.

김범준

2021년 6월

이 책에 대하여

코딩을 처음 배웠을 때는 소프트웨어 개발이 얼마나 광범위한지 전혀 몰랐습니다. 그저 애플리케이션을 만들고 싶었습니다. 하지만 하고 싶은 것을 해내기 위해 필요한 모든 것들을 파고들어 짜 맞추기 시작했을 때 제가 얼마나 순진했는지 알게 되었습니다.

제가 배운 중요한 내용은 일반적으로 애플리케이션은 프런트엔드(혹은 클라이언트 사이드)와 백엔드 API 및 서비스라는 두 가지 주요 부분으로 구성된다는 것이었습니다. 당시에는 클라우드 기술이 초기 단계였고, 풀스택 애플리케이션을 구축하는 방법을 배우는 것은 정말 엄청난 일이었습니다. 게다가 저는 네이티브 모바일 애플리케이션을 만들고 싶어했기 때문에 훨씬 더 어려웠습니다. 모바일 애플리케이션을 만드는 것이 웹 애플리케이션을 만드는 것보다 시작하기가 훨씬 어렵다는 것을 배웠습니다.

10여 년 전을 돌이켜보면 현재와 상황이 많이 다릅니다. 한때 대규모 개발 팀이 수행해야 했던 일을 이제는 한 명의 개발자가 할 수 있습니다. 리액트 네이티브, 플러터, 코도바 같은 툴은 개발자가 단일 코드 베이스를 사용해서 크로스 플랫폼 모바일 애플리케이션을 만들고 배포할 수 있도록 해줍니다. AWS Amplify, 파이어베이스 등과 같은 클라우드 기술은 개발자가 이전보다 훨씬 빠르게 백엔드를 구축할 수 있도록 해줍니다.

풀스택 개발자에 대한 정의가 변하는 새로운 패러다임에 접어들고 있습니다. 어느 때보다 풀스택 개발자가 되기 쉬워졌습니다. 새로운 패러다임이 실제로 어떤 모습인지 비전을 제시하고, 최첨단 프런트엔드와 클라우드 기술을 활용하는 방법을 소개하고자 이 책을 집필하게 되었습니다. 이 책에서 설명하고 있는 것들이 소프트웨어 엔지니어링의 미래라고 생각합니다.

대상 독자

이 책은 풀스택 애플리케이션을 구축하려는 모든 엔지니어, 특히 클라우드 컴퓨팅에 관심이 있는 사람들을 위한 것입니다. 기존의 스킬셋을 이용해서 클라우드 기술을 사용하는 풀스택 애플리케이션 구축 방법을 익히기 위한 프런트엔드 개발자도 이 책의 대상 독자입니다.

최소한의 자원으로 최대한의 개발 속도와 효율을 내고자 하는 CTO와 스타트업 창업가에게도 도움이 됩니다. 이 책에서 설명하는 기술은 빠른 프로토타입 제작과 테스트에 이상적입니다. 또한 개발자와 창업가의 아이디어가 담긴 상품을 빠르게 시장에 출시하고, 확장이 가능하고 오래가는 제품을 만들 수 있습니다.

책의 구성

이 책의 목표는 리액트와 서버리스 기술을 이용해서 실제로 확장 가능한 풀스택 애플리케이션을 구축하는 데 필요한 모든 것을 소개하는 것입니다. 각 장에서 서로 다른 애플리케이션을 구축하면서 인증authentication, API, 데이터베이스 같은 기능과 프런트엔드와 백엔드에 이 기능들을 구현하는 몇 가지 기술을 소개합니다.

여러분이 각 장에서 만들게 되는 애플리케이션은 이전 장에서 배운 내용을 바탕으로 구축됩니다. 마지막 장에서는 실제 애플리케이션을 구축하는 데 필요한 다양한 클라우드 서비스를 활용해서 정교한 애플리케이션을 만듭니다. 이 책을 모두 읽고 나면 여러분은 리액트와 AWS 클라우드 기술을 이용한 서버리스 애플리케이션을 구축하는 데 필요한 지식을 익히고 이해하게 될 것입니다.

1장 서버리스 컴퓨팅 시대의 풀스택 개발

서버리스 철학과 서버리스 애플리케이션의 특징 및 이점을 설명하고 AWS와 AWS Amplify CLI를 소개합니다.

2장 AWS Amplify 시작하기

AWS Amplify를 사용하여 서버리스 함수를 생성하고 배포합니다. 서버리스 함수를 만들고 API를 추가해서 이용해봅니다.

3장 첫 번째 애플리케이션 만들기

노트 애플리케이션을 만들면서 처음부터 풀스택 애플리케이션을 만드는 기본 과정을 다룹니다. 새로운 리액트 애플리케이션을 만들고, Amplify 프로젝트를 생성합니다. 그런 다음 그래프QL API를 추가하고, 클라이언트(리액트) 애플리케이션에서 API에 연결하여 통신해봅니다.

4장 인증 소개

애플리케이션에 인증을 추가하는 방법을 알아봅니다. 새로운 리액트 애플리케이션을 만들고 AWS Amplify React 라이브러리의 `withAuthenticator` 고차 컴포넌트를 이용해서 기본 인증을 추가하는 것으로 시작합니다. 그리고 사용자의 메타데이터를 읽고 사용자가 자신의 정보를 볼 수 있는 프로필 화면을 만듭니다.

5장 사용자 정의 인증 전략

리액트, React Router 및 AWS Amplify를 사용해서 사용자 정의 인증 흐름을 만들고 인증에 대해 자세히 살펴봅니다. 애플리케이션에는 가입 화면, 로그인 화면, 비밀번호 찾기 화면이 있습니다. 사용자가 로그인하면 사용자의 정보를 확인할 수 있는 프로필 화면을 포함한 세 개의 화면이 있고, 화면을 이동할 수 있는 내비게이션이 있습니다.

6장 서버리스 함수 심화 1

Lambda 트리거를 활용하는 방법을 소개합니다. Lambda 트리거를 이용하여 사용자가 가입할 때 관리자인지 확인해서 그룹에 추가하는 기능과 사용자가 이미지를 업로드하면 이미지의 크기를 조정하는 기능을 만듭니다. 이를 통해 이벤트의 타입에 따라 차이가 발생하는 이벤트의 구조에 대해 살펴봅니다.

7장 서버리스 함수 심화 2

Lambda 함수와 DynamoDB를 활용하는 방법에 대해 알아봅니다. 이를 위해 거의 모든 애플리케이션의 기초가 되는 생성, 수정, 조회, 삭제 및 리스트 조회 기능이 있는 기본 전자 상거래 애플리케이션을 만듭니다. 등록된 리스트는 로그인한 모든 사용자가 조회할 수 있지만 생성, 삭제하는 작업은 관리자만 가능하도록 합니다.

8장 AWS AppSync 심화

3장에서 배운 내용을 바탕으로 다대다 관계와 다양한 인증 방법을 사용하는 더 복잡한 API를 만듭니다. 또한 관리자가 무대와 공연을 만들 수 있는 음악 축제 애플리케이션을 만듭니다. 애플리케이션의 모든 사용자는 로그인 여부와 상관없이 공연 정보를 읽을 수 있지만 공연과 무대를 생성, 수정, 삭제하는 작업은 로그인한 관리자만 가능하도록 합니다.

9장 Amplify DataStore를 이용한 오프라인 애플리케이션 구축

Amplify DataStore를 사용해서 오프라인 기능을 추가하는 방법을 살펴봅니다.

10장 이미지와 스토리지 작업

사용자가 이미지를 업로드하고, 업로드된 이미지의 리스트를 볼 수 있는 사진 공유 애플리케이션을 만드는 방법을 알아봅니다.

11장 호스팅: CI/CD를 이용한 애플리케이션 배포

Amplify Console을 이용한 배포를 진행합니다. 수정된 내용이 master 브랜치로 병합될 때 새로운 빌드를 시작하는 지속적 통합continuous integration(CI)과 지속적 배포continuous deployment(CD)를 추가하는 방법에 대해 알아봅니다. 마지막으로 실제 URL에서 애플리케이션이 동작할 수 있도록 사용자 지정 도메인을 추가하는 방법에 대해 알아봅니다.

소스 코드 내려받기

이 책에서 사용한 코드 예제나 그 외의 추가 자료는 아래 링크에서 내려받을 수 있습니다.

- https://github.com/dabit3/full-stack-serverless-code

감사의 말

이 책을 집필하기 위해 사무실과 때로는 집에서 늦은 밤까지 일했습니다. 가정을 지키기 위해 계속 노력하고, 일하는 내내 변함없는 지지를 보내는 나의 아내 릴리Lilly에게 감사의 인사를 드립니다.

제게 영감을 주는 정말 멋진 제 아이들 빅터Victor와 일라이Eli에게도 고마움을 표합니다. 아이들 모두를 정말 사랑합니다. 그리고 무언가를 배울 수 있게 해주시고, 삶에서 여러 번의 기회를 얻을 수 있게 도와주신 부모님께 감사드립니다.

많은 분과 그룹에 감사합니다. 혼란스러운 컨설팅 경력에서 벗어나 팀에 합류할 수 있도록 저를 고용하고, 가장 똑똑한 사람들과 함께 일할 기회를 준 AWS Mobile 팀 전체에 감사드립니다. 새로운 일을 시작하는 데 필요한 모든 것을 배울 수 있게 도와준 팀원 Michael Paris, Mohit Srivastava, Dennis Hills, Adrian Hall, Richard Threlkald, Michael Labieniec, Rohan Deshpande, Amit Patel에게 감사의 인사를 전합니다. 그리고 기술을 배울 기회를 준 Russ Davis, Lee Johnson과 SchoolStatus에도 감사를 드립니다. 처음으로 '진짜' 기술 직업을 가지고 훌륭한 개발자가 되기 위해 필요한 것뿐만 아니라 밋업과 콘퍼런스의 세계를 안내해준 Brian Noah, Nate Lubeck과 Egood에 있는 제 팀 여러분께 진심으로 감사드립니다.

네이더 다빗

CONTENTS

CHAPTER 3 첫 번째 애플리케이션 만들기

CONTENTS

CHAPTER 5 사용자 정의 인증 전략

CHAPTER 6 서버리스 함수 심화 1

CONTENTS

CONTENTS

CHAPTER 1

서버리스 컴퓨팅 시대의 풀스택 개발

일반적으로 클라우드 컴퓨팅cloud computing을 백엔드backend 개발 및 데브옵스DevOps와 연관을 지었지만 지난 몇 년 동안 변하기 시작했습니다. **서비스형 함수**function as a service(FaaS)의 등장으로 클라우드 공급 업체는 클라우드 컴퓨팅을 처음 접하는 개발자와 프런트엔드frontend 개발자의 진입 장벽을 낮췄습니다.

과거에는 확장 가능한 풀스택full stack 애플리케이션을 구축하고 유지하기 위해서는 숙련된 백엔드 엔지니어와 데브옵스 엔지니어로 구성된 팀이 필요했습니다. 하지만 최신 도구와 프레임워크, AWS Amplify, 파이어베이스Firebase를 사용하면 한 명의 개발자가 기존 기술과 프레임워크, 에코시스템(예: 자바스크립트)에 대한 지식을 활용하여 과거에 팀으로서 구축하고 유지했던 모든 기능을 가진 애플리케이션을 구축할 수 있습니다.

이 책은 Amplify 프레임워크를 사용하는 새로운 세대의 도구와 서비스를 활용하여 프런트엔드와 백엔드 개발의 격차를 해소하는 데 초점을 맞춥니다. Amplify CLIAmplify Command Line Interface를 사용하여 프런트엔드 환경에서 클라우드에 직접 확장 가능한 애플리케이션을 구축하는 방법을 알아봅니다. 또한 Amazon Cognito를 이용한 사용자 인증, Amazon S3를 이용한 클라우드 스토리지, Amazon API Gateway와 AWS AppSync를 이용한 API, Amazon DynamoDB를 이용한 데이터베이스 같은 다양한 API 및 AWS 서비스를 다룹니다.

마지막 장에서는 AWS 서비스를 활용한 백엔드와 리액트React를 활용한 프런트엔드로 클라우드에서 실제로 동작하는 풀스택 애플리케이션을 구축합니다. 또한 전역 상태 관리를 위한 Context API뿐 아니라 Hook과 같은 리액트의 최신 기능을 사용하는 방법도 배울 수 있습니다.

1.1 현대적인 서버리스 철학

서버리스serverless라는 용어는 일반적으로 FaaS와 연관됩니다. 용어에 대해서는 다양한 정의를 찾을 수 있습니다. 하지만 최근에는 알려진 정의보다 철학적인 의미로 더 많이 사용됩니다.

사람들이 서버리스에 대해 이야기할 때 인프라를 위한 개발보다는 비즈니스 로직 작성에 중점을 두고 비즈니스 가치를 가장 효율적으로 제공하는 방법에 초점을 맞춥니다. 서버리스적인 사고방식을 갖게 되면 기존의 서비스가 아직 존재하지 않는 경우에만 사용자 정의 솔루션을 구축하게 됩니다. 그 외의 경우에는 FaaS, 관리형 서비스, 스마트 추상화를 활용해서 구축할 수 있습니다.

'바퀴를 재발명하는 일'은 비효율적이므로 점점 더 많은 기업과 개발자는 서버리스를 채택하는 접근법을 선택하고 있습니다. 서버리스 철학의 인기가 높아지면서 스타트업과 클라우드 공급 업체가 백엔드 복잡성을 단순화하는 서비스와 도구를 폭발적으로 제공하고 있습니다.

서버리스가 의미하는 것을 학술적으로 이해하기 위해 캘리포니아 대학교 버클리의 한 연구진이 작성한 2019년 논문 「Cloud Programming Simplified: A Berkeley View on Serverless Computing(클라우드 프로그래밍 단순화: 서버리스 컴퓨팅에 대한 버클리의 관점)」(2019)[1]을 읽어보길 바랍니다. 이 논문의 저자들은 서버리스의 정의를 다음과 같이 확장했습니다.

> FaaS로 대변되는 클라우드 기능들은 서버리스 컴퓨팅의 핵심이지만 클라우드 플랫폼은 **서비스형 백엔드**backend as a service(BaaS)와 같은 특정 애플리케이션 요구 사항을 충족하는 전문 서버리스 프레임워크도 제공합니다. 간단히 말해서 '**서버리스 컴퓨팅 = FaaS + BaaS**'입니다.

BaaS는 일반적으로 데이터베이스(Firestore, Amazon DynamoDB), 인증 서비스(Auth0,[2] Amazon Cognito), 인공지능 서비스(Amazon Rekognition, Amazon Comprehend)와 같은 관리형 서비스를 의미합니다. 앞서 언급한 논문의 연구진이 재정의한 서버리스는 클라우드 공급 업체들이 더 잘 관리되는 서비스를 더욱 많이 제공하기 시작한다는 점을 강조합니다.

---

1 http://www2.eecs.berkeley.edu/Pubs/TechRpts/2019/EECS-2019-3.html

2 옮긴이_ https://auth0.com

1.1.1 서버리스 애플리케이션의 특성

이제 서버리스의 철학에 대해 이해했으니 서버리스 애플리케이션의 특징이 무엇인지 알아보겠습니다. 서버리스가 무엇인가에 대해 다양한 답을 얻을 수 있지만 업계에서 동의하는 몇 가지 특징은 다음과 같습니다.

운영 책임 감소

서버리스 아키텍처를 사용하면 일반적으로 클라우드 공급 업체 또는 서드 파티third-party로 더 많은 운영 책임을 이전할 수 있습니다.

FaaS를 구현하기로 했을 때 걱정해야 하는 것은 실행되는 코드뿐입니다. 모든 서버의 패치 적용, 업데이트, 유지 관리, 업그레이드는 더는 사용자 책임이 아닙니다. 이제는 인프라 관리에 사용하는 시간을 줄이고, 기능을 구축하고, 비즈니스 가치를 제공하는 데 더 많은 시간을 투자할 수 있습니다.

관리형 서비스의 중용

관리형 서비스는 일반적으로 정의된 기능들의 모음을 책임지고 제공합니다. 이러한 서비스는 서버가 원활하게 확장되며, 서버 운영이 필요하지 않고, 가동 시간을 관리할 필요도 없습니다. 특히 코드가 없다는 것이 특징입니다.

1.1.2 서버리스 아키텍처의 장점

요즘에는 애플리케이션을 설계하는 방법이 많이 있습니다. 설계 초기에 내리는 결정은 애플리케이션의 생명주기뿐만 아니라 개발 팀과 궁극적으로는 회사, 조직에까지 영향을 미칩니다. 그렇기 때문에 서버리스 기술과 방법론을 사용하여 애플리케이션을 구축하는 방법을 추천합니다. 이런 방법들로 애플리케이션을 구축하면 어떤 이점이 있는지, 서버리스가 왜 그렇게 인기를 끌고 있는지 알아보겠습니다.

확장성

서버리스의 주요 이점 중 하나는 예상을 뛰어넘는 확장성입니다. 애플리케이션을 구축할 때 애플리케이션의 사용량이 많아지고 사용자가 빠르게 증가하는 경우에 발생할 수 있는 문제들은 클라우드 공급 업체에서 처리해주므로 걱정할 필요가 없습니다.

애플리케이션은 사용자의 요청을 처리하기 위한 코드를 실행하면서 자동으로 확장됩니다. 서버리스 함수에서 코드는 병렬로 실행되며 각 트리거trigger를 개별적으로 처리합니다.

서버와 데이터베이스 확장을 걱정하지 않아도 되는 것은 큰 장점입니다.

비용

서버리스 아키텍처와 전통적인 클라우드 기반 혹은 온프레미스on-premise 인프라는 가격에서 많은 차이가 있습니다.

전통적인 방식은 컴퓨팅 리소스의 사용 여부와 관련 없이 비용을 지불해야 했습니다. 애플리케이션의 사용량과 관련 없이 최대 작업량을 예상해서 대비해야 했고, 애플리케이션이 사용하지 않는 리소스에 대해서도 비용을 지불해야 했습니다.

서버리스 기술을 이용하면 사용한 리소스에 대해서만 비용을 지불하면 됩니다. FaaS를 사용하면 기능에 대한 요청 횟수, 기능의 코드가 실행되는 데 걸리는 시간, 각 기능에 할당된 메모리를 기반으로 비용이 청구됩니다. Amazon Rekognition과 같은 관리형 서비스는 처리된 이미지와 처리된 비디오의 시간에 대해서만 비용이 청구됩니다.

이를 통해 초기 인프라 비용 없이도 기능과 애플리케이션을 구축할 수 있습니다. 애플리케이션이 확장을 필요로 하는 경우에만 서비스 비용을 지불하면 됩니다.

클라우드 공급 업체의 청구서는 클라우드 인프라의 총비용 중 일부분일 뿐입니다. 이 비용은 운영 비용을 포함하며 사용하는 리소스를 줄이면 비용을 줄일 수 있습니다.

게다가 이러한 방식으로 애플리케이션을 구축하면 개발 시간을 단축하고 더 빠르게 출시할 수 있어 개발 비용을 절감할 수 있습니다.

개발 속도

구축해야 하는 기능이 줄어들면 개발 속도가 빨라집니다. 서버리스 기술을 사용하면 데이터베이스, 인증, 스토리지, API같이 대부분의 애플리케이션에 필요한 기능들을 이용할 수 있기 때문에 더 빠르게 핵심 기능과 비즈니스 로직을 작성하는 데 집중할 수 있습니다.

실험

반복적인 기능을 구축하는 데 많은 시간을 투자하지 않는다면 더 쉽고 위험하지 않게 실험할 수 있습니다.

새로운 기능을 추가할 때 투자자본수익률return on investment(ROI)을 기준으로 기능 구축, 관련된 시간, 자본을 평가합니다. 서버리스 기술을 이용하면 새로운 것을 시도할 때 발생하는 위험이 줄어들면서 과거에는 시도해보지 못했을 아이디어를 자유롭게 실험해볼 수 있습니다.

A/B 테스트(**버킷 테스트**bucket test 혹은 **스플릿 테스트**split test)는 여러 버전의 애플리케이션을 비교하여 가장 효과적인 버전을 확인하는 방법입니다. 개발 속도의 증가 덕분에 서버리스 애플리케이션은 더 빠르고 쉽게 A/B 테스트를 활용하여 다양한 아이디어를 실험할 수 있습니다.

보안과 안정성

우리가 사용하는 서비스들은 이를 유지하는 서비스 공급 업체가 핵심 역량을 발휘하여 만들었으므로 직접 구축하는 것보다 더 완성도 있고 안전한 서비스를 이용할 수 있습니다. 서비스 제공 업체가 수년 동안 수많은 기업과 고객의 문제, 특이 사항에 대응해왔다고 가정해봅시다.

그리고 이제 여러분의 팀이나 조직에서 그런 서비스를 자체적으로 구축한다고 생각해보겠습니다. 이 작업이 가능하더라도 전문 서비스를 이용하는 것이 직접 구축하고 유지하는 것보다 궁극적으로 시간과 돈을 절약할 수 있는 안전한 방법입니다.

서비스 제공 업체는 다운타임downtime을 가능한 한 최소한으로 만들려고 노력합니다. 또한 그들은 구축, 배포, 유지 보수, 안정적인 서비스를 위해 할 수 있는 모든 것을 합니다.

적은 코드

엔지니어 대부분은 코드가 결국 부채라는 것에 동의할 것입니다. 가치가 있는 것은 코드 자체가 아니라 코드가 제공하는 기능입니다. 유지 관리에 필요한 코드의 양을 제한하거나 심지어 코드 없이도 기능을 출시하는 방법을 찾을 때 응용 프로그램의 전반적인 복잡성은 줄어듭니다.

복잡성이 적으면 버그가 줄고, 새로운 엔지니어가 더 쉽게 적응할 수 있으며, 새로운 기능을 추가하고 유지하는 데 필요한 부하가 전반적으로 줄어듭니다. 이러한 서비스를 이용하면 백엔드 지식이 없는 개발자도 코드를 거의 작성하지 않고 기능을 구현할 수 있습니다.

1.1.3 서버리스의 다양한 구현

이번에는 서버리스 애플리케이션을 구축할 수 있는 여러 가지 방법들과 차이점에 대해 알아보겠습니다.

서버리스 프레임워크

최초의 서버리스를 구현한 서버리스 프레임워크인 JAWSJavascript Amazon Web Services는 가장 인기가 많습니다. 2015년 10월에 출시되었으며 Node.js 기반의 무료 오픈 소스 프레임워크입니다. 초기에는 AWS만 지원했지만 이후 구글과 마이크로소프트 애저 같은 다른 클라우드 공급 업체를 지원하기 시작했습니다.

서버리스 프레임워크는 `serverless.yml` 같은 설정 파일, 명령줄 인터페이스command-line interface(CLI), 기능 코드의 조합으로 서버리스 함수 및 다른 AWS 서비스를 로컬 환경에서 클라우드에 배포하려는 사람들에게 좋은 사용자 경험을 제공합니다. 하지만 클라우드 컴퓨팅을 처음 접하는 개발자일수록 가파른 학습 곡선을 만나게 됩니다. 학습해야 하는 전문용어가 많을 뿐만 아니라 '`Hello World`' 이상의 무언가를 만들기 위해서 클라우드 서비스가 어떻게 동작하는지에 대해 이해해야 하는 것이 많기 때문입니다.

전반적으로 클라우드 인프라가 동작하는 방식을 이해하며, AWS 외의 다른 클라우드 공급 업체와 함께 동작하는 것을 찾고 있다면 서버리스 프레임워크는 좋은 선택지입니다.

AWS Serverless Application Model

AWS Serverless Application Model(AWS SAM)[3]은 2016년 11월 18일에 출시된 오픈 소스 프레임워크로 AWS와 다양한 커뮤니티(깃허브 등)에서 구축하고 유지 관리하며 AWS만 지원합니다.

AWS SAM을 이용하면 YAML 파일에 서버리스 애플리케이션에서 필요한 API Gateway의 정의, AWS Lambda 함수, Amazon DynamoDB 테이블 정의를 작성하여 서버리스 애플리케이션을 구축할 수 있습니다. 또한 YAML 설정, 함수 코드의 조합과 CLI를 이용하여 서버리스 애플리케이션을 생성, 관리, 배포할 수 있습니다.

---

3 https://docs.aws.amazon.com/serverless-application-model/latest/developerguide/what-is-sam.html

SAM의 장점은 AWS의 거의 모든 서비스를 사용할 수 있는 AWS CloudFormation의 강력한 확장 기능을 사용할 수 있다는 것입니다. 하지만 서비스의 동작 방식과 설정을 위한 명명 규칙 및 모든 것을 연결하는 방법에 대해 잘 알아야 해서 클라우드 컴퓨팅을 처음 접하거나 AWS의 서비스, 권한, 역할, 용어에 익숙하지 않은 개발자들은 어려울 수 있습니다.

SAM은 AWS에 익숙하고 서버리스 애플리케이션을 AWS에 배포하는 경우에 적합한 선택입니다.

Amplify 프레임워크

Amplify 프레임워크는 CLI, 클라이언트 라이브러리, 툴체인toolchain, 웹 호스팅 플랫폼의 조합입니다. Amplify의 목적은 개발자에게 풀스택 웹 애플리케이션과 모바일 애플리케이션을 클라우드상에서 쉽게 구축하고 배포하는 방법을 제공하는 것입니다. 또한 서버리스 함수와 인증, 그래프QLGraphQL API, 머신러닝, 스토리지, 분석, 푸시 알림 등의 기능을 지원합니다.

Amplify는 서비스를 참조하기 위해 용어와 약어 대신 카테고리 이름으로 접근해서 AWS에 익숙하지 않은 사용자도 쉽게 접근할 수 있도록 합니다. 또한 인증 서비스를 Amazon Cognito보다는 **auth**라고 하며 프레임워크는 내부적으로만 Amazon Cognito를 사용합니다.

> **Amplify프레임워크 네 가지 구성 요소의 역할**
>
> - CLI를 이용하여 명령줄에서 클라우드 서비스를 만들고, 구성하고, 배포할 수 있습니다.
> - 클라이언트 라이브러리를 사용하면 웹 또는 모바일 애플리케이션에서 클라우드 서비스에 연결하고 상호작용할 수 있습니다.
> - 툴체인은 코드 생성과 서버리스 함수 보일러플레이트boilerplate 같은 것을 통해 신속한 개발이 가능하도록 합니다.
> - 호스팅 플랫폼을 통해 원자 배포atomic deployment,[4] 지속적 통합(CI), 지속적 배포(CD), 사용자 지정 도메인 등이 포함된 라이브 도메인에 배포할 수 있습니다.

4 옮긴이_ 원자 배포는 사용자가 애플리케이션을 항상 사용할 수 있도록 유지 관리 기간 없이 배포가 성공적으로 완료된 후에만 적용되도록 합니다.

다른 선택지

많은 회사가 서버리스 함수와 관련된 추상화를 제공하여 전통적으로 AWS Lambda를 직접 사용하면서 겪는 부정적인 사용자 경험을 개선하고자 했습니다. 이 중 Apex, Vercel, Cloudflare Workers, Netlify Functions가 가장 인기 있습니다.

이러한 도구들과 프레임워크들은 내부적으로 AWS 혹은 다른 클라우드 공급 업체를 사용하기 때문에 그들이 제공하는 더 나은 사용자 경험을 위해 결과적으로 더 많은 돈을 지불하게 됩니다. 대부분의 도구는 AWS 또는 다른 클라우드 공급 업체에서 사용할 수 있는 다른 서비스들을 다양하게 제공하지는 않습니다. 예를 들어 인증, 인공지능, 머신러닝, 복잡한 객체 스토리지나 분석 같은 것들은 그들이 제공하는 기능이 아닐 수도 있습니다.

서버리스 애플리케이션을 개발하는 다른 방법에 관심이 있다면 이런 옵션을 확인하고 진행하는 것을 추천합니다.

1.2 AWS 소개

이 절에서는 AWS에 대해 간략히 설명하고 Amplify 프레임워크 같은 서비스가 존재하는 이유를 알아보겠습니다.

1.2.1 AWS란

아마존의 자회사인 AWS는 개발자에게 온디맨드on-demand 클라우드 컴퓨팅 플랫폼을 최초로 제공한 회사입니다. AWS는 2004년 Amazon SQSAmazon Simple Queue Service라는 단일 서비스로 처음 출시됐고, 2006년에 공식적으로 Amazon SQS, Amazon S3, Amazon EC2라는 총 3가지 서비스로 재출시되었습니다. 2006년부터 AWS는 성장을 거듭하여 세계에서 가장 큰 클라우드 컴퓨팅 공급 업체가 되었으며 매년 서비스를 계속 추가하여 현재는 200개 이상의 서비스를 제공하고 있습니다.

클라우드 컴퓨팅의 발전 방향이 서버리스 기술로 나아가면서 진입 장벽은 낮아지고 있지만 프런트엔드 개발자나 클라우드 컴퓨팅을 처음 접하는 사람이 시작하기에는 여전히 어렵습니다.

AWS는 이런 새로운 서버리스 패러다임을 통해 클라우드 컴퓨팅에 익숙하지 않은 프런트엔드 개발자나 클라우드 컴퓨팅을 처음 접하는 개발자에게 클라우드 애플리케이션을 구축을 시작할 수 있도록 하는 데 초점을 맞춘 프레임워크를 제공하게 되었습니다.

1.2.2 AWS의 풀스택 서버리스

풀스택 서버리스는 확장 가능한 애플리케이션을 최대한 빨리 구축한다는 목표를 달성하기 위해 개발자들에게 필요한 모든 것을 제공합니다. AWS 도구들과 서비스들을 이용하여 애플리케이션을 구축하는 방법에 대해 알아보겠습니다.

1.2.3 Amplify CLI

AWS를 처음 시작하면 엄청난 양의 서비스들 사이에서 혼란을 겪게 됩니다. 많은 서비스의 역할을 확인하는 것도 어렵지만 서비스마다 배워야 할 것도 많고 사용하기도 까다롭습니다. AWS는 이런 문제를 해결하기 위해 **Amplify CLI**를 만들었습니다.

Amplify CLI는 개발자들이 AWS에 애플리케이션을 구축할 수 있는 쉬운 방법을 제공합니다. 개발자들은 CLI를 사용하여 프런트엔드 환경에서 직접 클라우드 서비스들을 생성, 설정, 수정, 삭제할 수 있습니다.

CLI는 AWS Console 및 CloudFormation과 같은 도구에서 사용되는 서비스 이름 접근 방식 대신 카테고리 이름 접근 방식을 사용합니다. AWS에는 Amazon S3, Amazon Cognito, Amazon Pinpoint같이 많은 서비스 이름이 있기 때문에 신규 개발자들에게 혼란을 줄 수 있습니다. CLI에서는 이러한 서비스를 생성, 설정하는 데 서비스 이름을 사용하는 대신 **storage, auth, analytics** 같은 이름을 사용하여 이를 통해 서비스가 어떤 일을 하는지 파악할 수 있도록 합니다.

CLI에는 프런트엔드 환경을 벗어나지 않고도 서비스를 생성, 수정, 설정, 삭제할 수 있는 명령어들이 있습니다. 또한 CLI를 사용하여 운영 환경에 영향을 주지 않고도 새로운 기능을 출시하기 위한 새로운 환경을 배포할 수 있습니다.

CLI를 사용하여 기능을 만들고 배포하면 Amplify 클라이언트 라이브러리를 이용하여 클라이언트 사이드에서 서비스들과 상호작용할 수 있습니다.

Amplify 클라이언트

풀스택 애플리케이션을 구축하기 위해서는 클라이언트 사이드 툴링client-side tooling과 백엔드 서비스의 조합이 필요합니다. 과거에는 자바, .NET, Node.js, 파이썬용 AWS SDK를 사용하는 것이 AWS 서비스들과 상호작용하는 주요 방법이었습니다. 이런 SDK는 잘 동작하지만 어느 것도 클라이언트 사이드 개발에 특별히 적합한 것은 아니었습니다. Amplify 이전에는 AWS를 사용하여 클라이언트 사이드를 구축하는 간단한 방법이 없었습니다. 단적인 예로 AWS를 처음 사용하는 개발자가 AWS Node.js SDK에 대한 문서를 읽고 사용하기 위해서 가파른 학습 곡선을 만나게 됩니다.

Amplify 클라이언트는 AWS 서비스들과 상호작용해야 하는 자바스크립트 애플리케이션에서, 사용하기 쉬운 API를 제공하기 위해 특별히 제작된 라이브러리입니다. 또한 Amplify는 리액트 네이티브React Native, 네이티브 iOS, 네이티브 안드로이드용 클라이언트 SDK도 제공하고 있습니다.

Amplify 클라이언트의 방식은 더욱 높은 수준의 추상화를 제공하고 모범 사례를 활용합니다. 이를 바탕으로 선언적이고 사용하기 쉬운 API를 제공하며 백엔드와 상호작용을 완전히 할 수 있게 제어합니다. 또한 웹소켓WebSocket 및 그래프QL 서브스크립션subscription 지원과 같은 기능을 가진 클라이언트를 염두에 두고 구축되었습니다. Amplify 클라이언트는 브라우저의 localStorage 혹은 리액트 네이티브의 AsyncStorage를 활용하여 사용자 인증을 유지하기 위한 `IdTokens` 및 `AccessTokens`와 같은 보안 토큰을 저장합니다.

Amplify는 리액트, 리액트 네이티브, 뷰Vue, 앵귤러Angular, 아이오닉Ionic, 네이티브 안드로이드, 네이티브 iOS를 포함한 인기 있는 프런트엔드, 모바일 프레임워크에 UI 컴포넌트들을 제공합니다. 이런 프레임워크별 컴포넌트들은 프런트엔드 UI를 구축하고 상태를 관리할 필요 없이 인증과 복잡한 객체 저장, 검색과 같은 공통된 기능을 빠르게 추가하고 실행할 수 있게 해줍니다.

Amplify 프레임워크는 AWS 서비스 전체를 지원하지는 않지만 서버리스 카테고리에 속하는 거의 대부분의 서비스를 지원합니다. Amplify가 EC2와 상호작용을 지원하는 것은 적합하지 않지만 RESTrepresentational state transfer와 그래프QL API 사용에 대한 지원을 제공하는 것은 합리적입니다.

Amplify는 이전에 채워지지 않았던 격차를 해결하기 위해 엔드 투 엔드end-to-end 솔루션으로 개발되었지만 풀스택 클라우드 애플리케이션을 구축하는 새로운 방법도 포함합니다.

AWS AppSync

AWS AppSync는 그래프QL을 사용하여 애플리케이션이 모든 데이터 소스, REST API 또는 마이크로서비스와 쉽게 상호작용할 수 있도록 하는 관리형 **API 계층**입니다.

API 계층은 애플리케이션에서 가장 중요합니다. 최근 애플리케이션은 일반적으로 데이터베이스, 관리형 서비스, 서드 파티 API 및 스토리지 솔루션과 같은 많은 수의 백엔드 서비스, API와 상호작용합니다. **마이크로서비스 아키텍처**microservice architecture는 모듈식 구성 요소나 서비스들의 조합을 사용하여 구축된 대형 애플리케이션에 사용되는 일반적인 용어입니다.

대부분의 서비스와 API에는 다양한 세부 구현 방법이 있는데 이는 마이크로서비스 아키텍처를 사용할 때 까다로운 상황을 일으킵니다. 일관성이 없고, 때로는 지저분한 코드가 만들어지고, API를 요청하는 프런트엔드 개발자에게 더 많은 인지 부하cognitive load를 일으킵니다.

마이크로서비스 아키텍처로 작업에 접근하는 좋은 방법은 모든 요청을 받아서 백엔드 서비스로 전달하는 일관된 API 게이트웨이 계층을 제공하는 것입니다. 클라이언트가 일관되게 상호작용할 수 있는 계층을 제공하면 프런트엔드에서 개발을 더 쉽게 만들 수 있습니다.

특히 페이스북에서 만든 오픈 소스 기술인 그래프QL은 API 게이트웨이를 만들기 좋은 추상화를 제공합니다. 그래프QL은 **쿼리**query(조회), **뮤테이션**mutation(생성, 수정), **서브스크립션**(실시간 데이터)의 세 가지 작업 형태로 API와 상호작용하기 위한 일관된 규격을 정의했습니다. 이러한 작업들은 그래프QL **스키마**schema의 일부로 정의되어 있습니다. 스키마는 그래프QL 타입으로 서버와 클라이언트 간 통신이 가능하도록 합니다. 그래프QL 작업은 특정 데이터 소스에 종속되지 않으므로 데이터베이스, HTTP 엔드포인드endpoint, 마이크로서비스 또는 서버리스 함수 등이 제공하는 모든 기능과 상호작용하기 위해 자유롭게 사용할 수 있습니다.

일반적으로 그래프QL API를 작성할 때는 자체 API를 구축, 배포, 유지 관리 및 설정해야 합니다. AWS AppSync를 사용하면 서버, API 관리뿐만 아니라 보안까지 AWS에 위임할 수 있습니다.

최신 애플리케이션은 종종 실시간 지원이나 오프라인 지원에 대해 고민합니다. AppSync의 장점은 개발자가 이러한 유형의 애플리케이션을 구축할 수 있도록 오프라인(Amplify 클라이언트 SDK)과 실시간(그래프QL 서브스크립션) 지원을 한다는 점입니다.

이 책에서는 NoSQL을 위한 DynamoDB와 서버리스 함수를 위한 AWS Lambda 같은 다양한 데이터 소스를 주 API 계층으로 사용할 예정입니다.

1.3 AWS Amplify CLI 소개

클라우드 서비스를 만들고 관리하기 위해서 Amplify CLI를 사용합니다. 이번 절에서는 CLI를 이용하여 서비스를 생성하고 배포하는 방법에 대해 알아보겠습니다. 서비스가 배포되면 서비스 제거 방법을 익히고 배포된 백엔드 리소스를 삭제하는 방법을 알아보겠습니다. 이제 첫 번째 서비스를 어떻게 만드는지 살펴보겠습니다.

1.3.1 Amplify CLI 설치와 설정

먼저 Amplify CLI를 설치하고 구성해야 합니다.

```
~ npm install -g @aws-amplify/cli
```

NOTE_ Amplify CLI를 사용하기 위해서는 Node.js 버전 10.x이상과 npm 버전 5.x 이상이 컴퓨터에 설치되어 있어야 합니다. Node.js는 Node.js 설치 페이지를 방문해서 설치 지침을 따르거나 nvm^Node Version Manager^을 이용하는 것을 추천합니다.

CLI 설치가 완료되면 AWS 계정의 IAM^Identity and Access Management^ 사용자를 이용하여 설정해야 합니다. 이를 위해 사용자 자격 증명 집합(액세스 키^access key^ ID와 보안 액세스 키^secret access key^)을 참조하여 CLI를 설정하겠습니다. 이렇게 자격 증명을 사용하면 CLI에서 사용자를 대신해 직접 AWS 서비스를 생성할 수 있습니다.

새로운 사용자를 만들고 CLI를 설정하기 위해 `configure` 명령어를 실행합니다.

```
~ amplify configure
```

명령어를 실행하면 다음 단계를 진행하게 됩니다.

1. **Specify the AWS region**

   생성할 사용자와 사용할 서비스의 지역을 선택합니다. 선택하는 지역은 가장 가깝거나 선호하는 지역을 선택하도록 합니다.

2. **Specify the username**

   지정하는 이름은 AWS 계정에서 생성할 사용자의 이름이 됩니다. 나중에 참조할 때 알아볼 수 있도록 `amplify-cli-us-east-1-user`나 `mycompany-cli-admin` 같은 이름을 사용하는 것을 추천합니다.

이름을 입력하면 CLI가 브라우저를 통해 AWS IAM 대시보드dashboard 페이지를 열고 사용자 생성을 진행합니다. 사용자 생성을 진행하는 화면에서 [Next:Permissions], [Next:Tags], [Next:Review]를 클릭하여 기본값으로 진행을 하고 마지막으로 [Create user]를 클릭하면 IAM 사용자 생성이 완료됩니다.

사용자 생성이 완료되면 [그림 1-1]처럼 IAM 사용자 자격 증명(액세스 키 ID와 보안 액세스 키)이 제공됩니다.

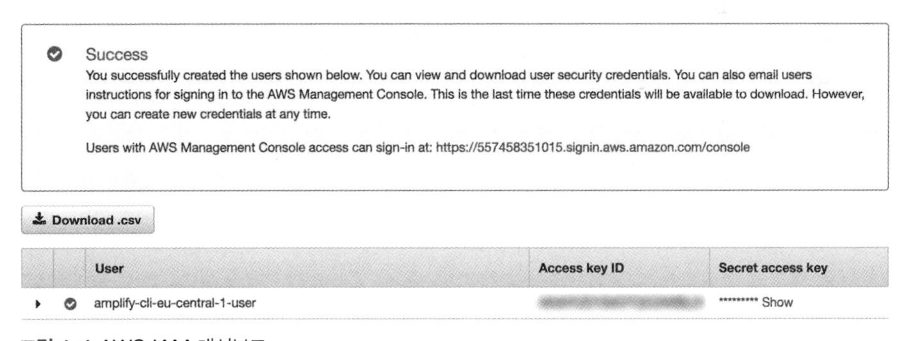

그림 1-1 AWS IAM 대시보드

액세스 키 ID와 보안 액세스 키의 값을 복사하여 CLI에 값을 붙여 넣으면 성공적으로 설정이 완료되고 서비스 생성을 할 수 있습니다.

1.3.2 첫 번째 Amplify 프로젝트

이제 CLI의 설치와 설정이 완료되었으니 첫 번째 프로젝트를 생성할 수 있습니다. 이 과정은 일반적으로 클라이언트 애플리케이션의 루트에서 수행됩니다. 이 책의 대부분은 리액트를 사용하기 때문에 새로운 리액트 프로젝트를 생성하는 것으로 시작하겠습니다.

```
~ npx create-react-app amplify-app

# 리액트 애플리케이션 생성 후, 생성된 리액트 프로젝트 디렉터리로 이동합니다
~ cd amplify-app
```

이제 클라이언트에서 사용할 Amplify를 설치해야 합니다. 앞으로 사용할 라이브러리들은 AWS Amplify 라이브러리와 리액트 관련 UI 컴포넌트를 위한 AWS Amplify React 라이브러리입니다.

```
~ npm install aws-amplify @aws-amplify/ui-react
```

다음으로 Amplify 프로젝트를 생성하기 위해 `init` 명령어를 실행합니다.

```
~ amplify init
```

명령어를 실행하면 다음 단계들을 진행하게 됩니다.

1. **Enter a name for the project**

   입력하는 이름은 프로젝트의 로컬 이름이 되며 일반적으로 프로젝트가 무엇인지 혹은 무엇을 하는지 설명하는 이름을 사용합니다.

2. **Enter a name for the environment**

   입력하는 환경 이름은 작업 초기 환경에 대한 참조가 됩니다. 일반적으로 `dev`, `local` 혹은 `prod` 같은 것들이 될 수 있지만 이해할 수 있는 어떤 이름을 사용해도 상관없습니다.

3. **Choose your default editor**

   사용할 편집기를 선택합니다. 이후 CLI는 설정된 편집기를 이용하여 프로젝트의 파일을 엽니다.

4. **Choose the type of app that you're building**

   '`javascript`'를 선택합니다. 이 단계에서 CLI가 설정, 빌드, 실행 명령어에 대한 수행 여부를 결정하게 됩니다.

5. **What JavaScript framework are you using?**

   'react'를 선택합니다. 이 단계에서 몇 가지 기본 빌드, 시작 명령어가 결정됩니다.

6. **Source directory path**

   소스가 저장될 디렉터리를 설정합니다. `src`를 입력하고 진행합니다.

7. **Distribution directory path**

   웹 프로젝트에서 컴파일된 자바스크립트 소스 코드와 파비콘[favicon], HTML 및 CSS 파일이 포함된 디렉터리입니다. `build`를 입력하고 진행합니다.

8. **Build command**

   자바스크립트 코드를 컴파일하고 번들링[bundling]하는 명령어를 입력합니다. 이 예제에서는 `npm run-script build`를 사용합니다.

9. **Start command**

   애플리케이션을 로컬에서 실행하는 명령어를 입력합니다. 이 예제에서는 `npm run-script start`를 사용합니다.

10. **Select the authentication method you want to use**

    'AWS profile'을 선택합니다.

11. **Please choose the profile you want to use**

    이 단계에서는 `amplify configure`을 진행하면서 생성했던 AWS 프로필을 선택합니다.

모든 단계를 마치면 Amplify CLI가 새 Amplify 프로젝트의 생성을 진행합니다.

생성이 완료되면 `src` 디렉터리에 `aws-exports` 파일과 루트 디렉터리에 `amplify` 디렉터리가 추가됩니다. 이 파일들에 포함된 내용은 다음과 같습니다.

aws-exports 파일

`aws-exports` 파일은 사용자의 자격 증명을 가지고 CLI에서 생성한 리소스 카테고리의 키-값[key-value] 쌍입니다.

amplify 디렉터리

이 디렉터리에는 Amplify 프로젝트의 모든 코드와 설정 파일이 있고, 하위 디렉터리로 `backend` 디렉터리와 `#current-cloud-backend` 디렉터리가 있습니다.

- backend 디렉터리

  이 디렉터리에는 AppSync API 용 그래프QL 스키마, 서버리스 함수를 위한 소스 코드, 현재 Amplify 프로젝트의 상태를 나타내는 인프라 정의 코드 같은 것들이 있습니다.

- #current-cloud-backend 디렉터리

  이 디렉터리에는 마지막으로 Amplify의 push 명령어를 사용하여 클라우드에 배포된 리소스를 반영하는 코드와 설정이 있습니다. 이미 클라우드에 생성된 리소스의 설정과 현재 로컬 변경 사항이 반영된 backend 디렉터리의 설정을 CLI가 구별할 수 있도록 도와줍니다.

이제 프로젝트를 생성했으니 첫 번째 클라우드 서비스로 인증을 추가할 수 있습니다.

1.3.3 첫 번째 서비스 생성과 배포

Amplify의 add 명령어를 이용하면 새 서비스를 추가할 수 있습니다.

```
~ amplify add auth
```

명령어를 실행하면 다음과 같은 단계를 진행합니다.

1. **Do you want to use the default authentication and security configuration?**

   이 과정에서 기본 설정(가입 시 MFA, 로그인 시 암호)을 사용한 인증, 소셜 공급 업체를 통한 인증, 완전히 사용자 정의된 인증 중 하나를 선택하여 설정을 만들 수 있습니다. 이 예제에서는 'Default configuration'을 선택합니다.

2. **How do you want users to be able to sign in?**

   이 단계에서는 로그인에 필요한 속성을 지정할 수 있습니다. 이 예제에서는 'Username'을 선택합니다.

3. **Do you want to configure advanced settings?**

   이 단계에서는 추가 가입 속성이나 Lambda 트리거 같은 항목에 대한 추가적인 고급 설정을 진행할 수 있습니다. 이 예제에서는 어떤 것도 필요하지 않으니 'No, I am done.'을 선택해서 기본값을 사용합니다.

   이제 성공적으로 인증 서비스를 설정했으며 배포할 준비가 되었습니다. 다음과 같이 push 명령어를 이용하면 인증 서비스를 배포할 수 있습니다.

```
~ amplify push
```

4. **Are you sure you want to continue?**

   Y를 입력합니다.

배포가 완료되면 인증 서비스는 성공적으로 생성됩니다. 축하합니다. 첫 번째 기능을 성공적으로 배포했습니다. 이제 기능을 테스트해보겠습니다.

인증 서비스를 이용하는 방법에는 여러 가지가 있습니다. `signUp`, `signIn`, `signOut` 등 30가지 이상의 메서드method를 사용할 수 있는 `Auth` 클래스를 사용하거나 사전 구성된 UI로 전체 인증 흐름을 진행하는 `withAuthenticator` 같은 프레임워크 컴포넌트를 사용할 수 있습니다. 여기서는 `withAuthenticator` 고차 컴포넌트higher-order component(HOC)를 사용하겠습니다.

먼저 Amplify와 함께 동작하도록 리액트 애플리케이션을 설정합니다. 그러기 위해 `src/index.js`를 열고 마지막 `import` 문 아래에 다음 코드를 추가합니다.

```
import Amplify from 'aws-amplify'
import config from './aws-exports'
Amplify.configure(config)
```

이제 애플리케이션에서 인증 서비스를 이용할 수 있게 되었습니다. 다음으로 `src/App.js`를 열고 파일을 다음과 같이 수정합니다.

```
import React from 'react'
import { withAuthenticator, AmplifySignOut } from '@aws-amplify/ui-react'

function App() {
  return (
    <div>
      <h1>Hello from AWS Amplify</h1>
      <AmplifySignOut />
    </div>
  )
}

export default withAuthenticator(App)
```

이제 애플리케이션을 실행해서 테스트를 할 수 있습니다.

```
~ npm start
```

애플리케이션을 실행하면 [그림 1-2]처럼 화면에 미리 구성된 인증 화면이 나타납니다.

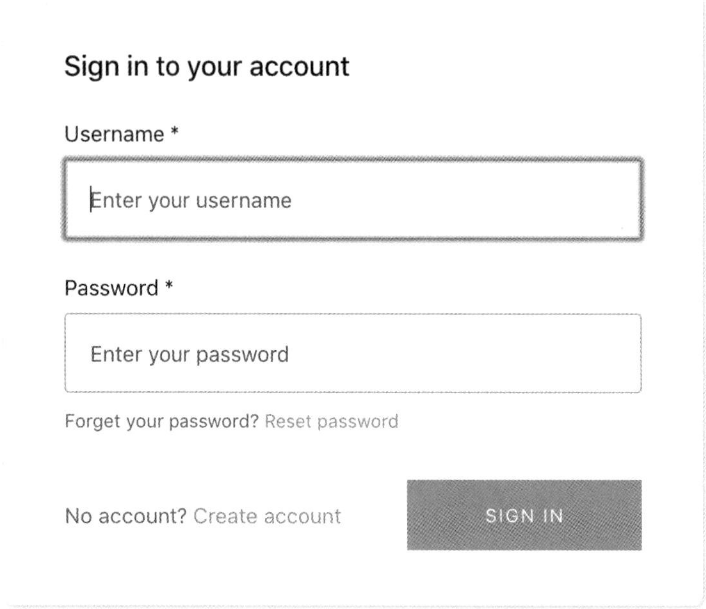

그림 1-2 withAuthenticator 고차 컴포넌트

1.3.4 리소스 삭제

더 필요하지 않은 기능이나 프로젝트는 CLI를 이용해서 제거할 수 있습니다.

개별 기능을 제거하기 위해서는 `remove` 명령어를 사용합니다.

```
~ amplify remove auth
```

계정에 배포된 모든 리소스를 포함해서 전체 Amplify 프로젝트를 삭제하려면 `delete` 명령어를 이용하면 됩니다.

```
~ amplify delete
```

1.4 마치며

점점 더 많은 기업이 작업의 많은 부분을 클라우드에 의존함에 따라 클라우드 컴퓨팅은 빠르게 성장하고 있습니다. 사용량이 증가함에 따라 클라우드 컴퓨팅에 대한 지식은 중요한 능력으로 주목받고 있습니다.

클라우드 컴퓨팅의 하위 집합인 서버리스 패러다임은 자동 확장 기능뿐만 아니라 유지 보수가 거의 필요하지 않은 클라우드 컴퓨팅의 모든 이점을 제공하면서 업계 사용자들 사이에서 급속도로 인기를 얻고 있습니다.

Amplify 프레임워크 같은 툴을 사용하면 모든 배경의 개발자들이 서버리스 컴퓨팅뿐만 아니라 클라우드도 쉽게 시작하고 사용할 수 있습니다. 2장에서는 클라우드 서비스와 Amplify 프레임워크를 활용하여 풀스택 애플리케이션을 구축하는 방법에 대해 알아보겠습니다.

CHAPTER 2

AWS Amplify 시작하기

대부분의 애플리케이션의 핵심은 데이터/API 계층입니다. 계층이 여러 가지인 것처럼 보일 수 있지만 서버리스에서는 일반적으로 API 엔드포인트와 서버리스 함수의 조합으로 구성되어 있습니다. 서버리스 함수는 로직을 수행하고, 데이터를 반환하며, 데이터베이스와 통신을 하거나 다른 API 엔드포인트와 통신할 수 있습니다.

Amplify로 API를 만드는 두 가지 주요 방법은 다음과 같습니다.

- Amazon API Gateway와 Lambda 함수의 조합
- 특정 유형의 데이터 소스(데이터베이스, Lambda 함수 혹은 HTTP 엔드포인트)와 연결된 그래프QL API

API Gateway는 API 엔드포인트를 생성하고 다른 서비스로 라우팅하는 AWS 서비스입니다. 주로 Lambda 함수로 라우팅됩니다. API를 호출하면 API Gateway를 통해 요청을 라우팅하고, 함수를 실행하고, 응답을 반환합니다. Amplify CLI를 사용하면 API Gateway 엔드포인트뿐만 아니라 Lambda 함수도 만들 수 있으며 CLI는 HTTP 요청을 통해 Lambda 함수를 호출할 수 있도록 API를 자동으로 설정할 수 있습니다.

API가 생성되면 API와 통신할 방법이 필요합니다. Amplify 클라이언트를 사용하면 Amplify `API` 클래스를 이용해서 엔드포인트로 요청을 보낼 수 있습니다. `API` 클래스를 사용하면 [그림 2-1]처럼 그래프QL API뿐만 아니라 API Gateway 엔드포인트와도 통신할 수 있습니다.

2장에서는 API Gateway 엔드포인트를 통해 서버리스 함수와 통신하는 풀스택 서버리스 애플리케이션을 만들어보겠습니다. CLI를 사용하여 API 엔드포인트와 서버리스 함수를 생성하고 Amplify 클라이언트 라이브러리를 이용하여 API 통신을 해보겠습니다.

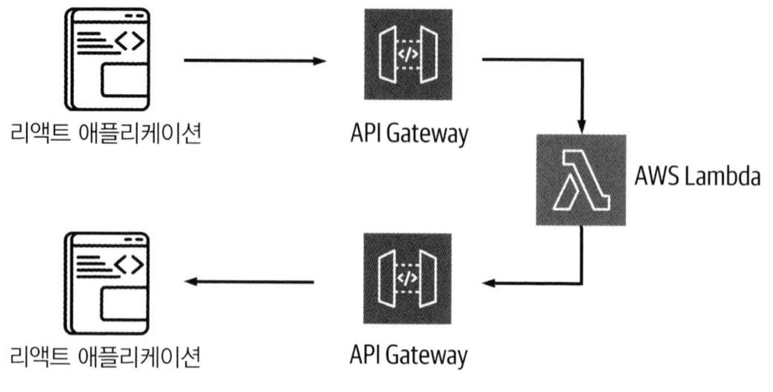

그림 2-1 Lambda를 사용한 API

처음에는 함수에서 하드코딩된 리스트를 가져옵니다. 그 후, 다른 API에 대한 비동기 HTTP 요청을 생성해서 데이터를 조회하고 클라이언트로 반환하도록 함수를 수정해보겠습니다.

2.1 서버리스 함수 생성과 배포

많은 서버리스 애플리케이션의 핵심은 **서버리스 함수**입니다. 서버리스 함수는 이벤트 기반이고, 수명이 짧으며(한 번의 호출 동안 지속 가능) 선택한 클라우드 공급 업체에 의해 완전히 관리되는 **스테이트리스 컴퓨팅 컨테이너**stateless compute container에서 코드를 실행합니다. 이런 서버리스 함수는 확장이 원활하며 서버 작업이 필요하지 않습니다.

대부분의 사람은 서버리스 함수가 API 요청 때문에 호출된다고 생각하지만 다른 다양한 이벤트에 의해서도 호출될 수 있습니다. HTTP 요청 외에도 스토리지 서비스에 이미지 업로드, 데이터베이스에서 생성, 수정, 삭제 등의 작업 혹은 다른 서버리스 함수에 의해서 서버리스 함수를 호출할 수 있습니다.

서버리스 함수는 자동으로 확장되기 때문에 트래픽이 급증해도 애플리케이션에 대해 걱정할 필요가 없습니다. 함수를 처음 호출하면 서비스 공급 업체가 함수의 인스턴스instance를 생성하고 해당 핸들러handler 기능을 실행해서 이벤트를 처리합니다. 함수가 완료되고 응답이 반환된 후에도 추가로 발생하는 이벤트를 처리합니다. 만약 첫 번째 이벤트가 처리되는 동안에 또 다른 호출이 발생하면 또 다른 인스턴스가 생성됩니다.

서버리스 함수의 결제 모델은 전통적인 인프라와는 차이가 있습니다. AWS Lambda 같은 서비스를 사용하면 사용한 만큼만 비용을 내고 함수에 대한 요청 수와 코드를 실행하는 데 걸리는 시간에 따라 요금이 부과됩니다. 이 결제 모델은 활용 여부와 관계없이 서버와 같은 인프라를 준비하고 비용을 내는 전통적인 방식과는 차이가 있습니다.

이제 서버리스 함수에 대해 알아봤으니 서버리스 함수를 만드는 방법과 HTTP 요청으로 서버리스 함수를 호출하는 API를 연결하는 방법에 대해 알아보겠습니다.

2.1.1 리액트 애플리케이션 생성과 종속성 설치

먼저 npx를 사용해서 리액트 애플리케이션을 생성합니다.

```
~ npx create-react-app amplify-react-app
~ cd amplify-react-app
```

리액트 애플리케이션 생성이 완료되면 종속성을 설치합니다. 이 예제에서는 AWS Amplify 라이브러리만 설치하면 됩니다.

```
~ npm install aws-amplify
```

종속성을 설치하면 리액트 애플리케이션의 루트에서 Amplify 프로젝트를 생성할 수 있습니다.

```
~ amplify init

? Enter a name for the project: cryptoapp
? Enter a name for the environment: local
? Choose your default editor: <선호하는 에디터>
? Choose the type of app that you're building: javascript
? What javascript framework are you using: react
? Source Directory Path: src
```

```
? Distribution Directory Path: build
? Build Command: npm run-script build
? Start Command: npm run-script start
? Select the authentication method you want to use: AWS profile
? Please choose the profile you want to use: <amplify configure에서 생성한 AWS
  프로필>
```

이제 Amplify 프로젝트와 리액트 애플리케이션이 성공적으로 생성되었고 새로운 기능들을 추가할 수 있습니다.

2.1.2 Amplify CLI를 이용한 서버리스 함수 생성

다음으로 애플리케이션에서 사용할 서버리스 함수를 생성하겠습니다. 이번에 만들 애플리케이션은 암호 화폐 애플리케이션입니다. 처음에는 함수에서 암호 화폐 정보 리스트를 하드코딩하고 클라이언트로 반환합니다. 2장의 후반부에서는 다른 API(CoinLore)[1]를 호출하고 데이터를 비동기식으로 가져와 반환하도록 함수를 수정하겠습니다.

다음 명령어를 이용하여 함수를 추가하겠습니다.

```
~ amplify add function

? Select which capability you want to add: Lambda function (serverless function)
? Provide an AWS Lambda function name: cryptofunction
? Choose the runtime that you want to use: NodeJS
? Choose the function template that you want to use: Serverless ExpressJS
  function (Integration with API Gateway)
? Do you want to configure advanced settings? N
? Do you want to edit the local lambda function now? N
```

TIP 함수가 성공적으로 생성되면 'Successfully added resource cryptofunction locally.'라는 메시지가 나타납니다.

이제 `amplify` 디렉터리 안에 `backend/function/cryptofunction` 경로로 새로운 하위 디렉터리들이 생성된 것을 볼 수 있습니다.

1 옮긴이_ https://www.coinlore.com

2.1.3 코드 살펴보기

함수를 생성하면 amplify/backend 디렉터리 안에 function이라는 이름의 디렉터리가 생성됩니다. CLI를 이용해서 생성되는 모든 함수는 이 디렉터리 안에 저장됩니다. 현재는 생성한 cryptofunction 함수만 있으며, cryptofunction 디렉터리 안에서 몇 가지 설정 파일과 주요 기능 코드가 있는 src 디렉터리를 확인할 수 있습니다.

본질적으로 서버리스 함수는 스스로 실행되는 캡슐화된 애플리케이션입니다. 생성된 함수는 자바스크립트로 되어 있기 때문에 일반적으로 자바스크립트 애플리케이션에서 볼 수 있는 package.json 및 index.js 같은 파일들을 모두 볼 수 있습니다.

다음으로 cryptofunction 디렉터리 안에 있는 src/index.js에서 exports.handler가 있는 것을 확인할 수 있습니다. 이것은 함수 호출의 시작 지점으로 함수가 호출되었을 때 실행되는 코드입니다.

원한다면 함수에서 직접 이벤트를 처리할 수 있지만 API를 사용해서 작업할 예정이므로 라우팅(예: http://yourapi/<somepath>)을 사용하여 경로를 익스프레스로 전달하는 방법이 더 유용합니다. 이렇게 하면 하나의 함수에 여러 개의 경로가 있을 뿐만 아니라 각 경로에서 get, put, post 및 delete 같은 다양한 HTTP 요청 메서드를 사용할 수 있습니다. **Serverless Express** 프레임워크는 이 작업을 쉽게 수행하는 방법을 제공하며 함수 보일러플레이트가 내장되어 있습니다.

index.js에서 다음과 같은 코드를 확인할 수 있습니다.

```
awsServerlessExpress.proxy(server, event, context);
```

이 코드는 이벤트, 콘텍스트context 및 경로가 app.js에서 실행 중인 익스프레스 서버로 전달되는 위치입니다.

그러면 app.js에서 API에 대해 생성한 모든 경로(이 예제에서는 암호 화폐를 가져오는 /coins)에 대해 HTTP 요청을 생성할 수 있습니다.

2.1.4 /coins 경로 생성

이제 애플리케이션의 구조를 살펴봤으니, `app.js`에서 새 경로를 만들고 데이터를 반환해보겠습니다. 생성할 경로는 코인 리스트 객체를 반환하는 `/coins`입니다.

첫 번째 `app.get('/items')` 전에 다음 코드를 추가합니다.

```
/* amplify/backend/function/cryptofunction/src/app.js */

app.get('/coins', function(req, res) {
  const coins = [
    { name: 'Bitcoin', symbol: 'BTC', price_usd: "10000" },
    { name: 'Ethereum', symbol: 'ETH', price_usd: "400" },
    { name: 'Litecoin', symbol: 'LTC', price_usd: "150" }
  ]
  res.json({
    coins
  })
})
```

추가된 경로는 하드코딩된 일련의 암호 화폐 정보를 갖고 있습니다. 이 경로로 함수가 호출되면 `coins`를 키로 하고 코인의 정보를 갖고 있는 배열을 값으로 가진 객체를 반환합니다.

2.2 API 추가

이제 함수가 생성되었으니 HTTP 요청으로 호출할 수 있도록 API를 추가해보겠습니다.

이를 위해 Amazon API Gateway를 사용하겠습니다. API Gateway는 개발자가 REST 또는 웹소켓 API를 생성, 게시, 유지, 모니터링 및 보호할 수 있도록 지원하는 관리형 서비스이며 Amplify CLI와 Amplify 클라이언트 라이브러리에서 모두 지원되는 서비스 중 하나입니다.

이번 절에서는 새 API Gateway 엔드포인트를 생성하고 2.1절에서 생성한 Lambda 함수를 호출하도록 설정하겠습니다.

2.2.1 새 API 생성

프로젝트 루트에서 Amplify add 명령어를 이용해서 API를 생성하도록 하겠습니다.

```
~ amplify add api

? Please select from one of the below mentioned services: REST
? Provide a friendly name for your resource to be used as a label for
  this category in the project: cryptoapi
? Provide a path: /coins
? Choose a Lambda source: Use a Lambda function already added in the
  current Amplify project
? Choose the Lambda function to invoke by this path: cryptofunction
? Restrict API access: N
? Do you want to add another path? N
```

2.2.2 API와 Lambda 함수 배포

이제 함수와 API가 모두 생성되었으니 계정에 배포해서 실제로 동작하게 해야 합니다. 이를 위해 다음과 같이 Amplify push 명령어를 실행해서 배포합니다.

```
~ amplify push

? Are you sure you want to continue? Y
```

배포가 성공적으로 완료되면 서비스를 사용할 수 있습니다.

Amplify CLI status 명령어를 이용하여 프로젝트의 현재 상태를 언제든지 볼 수 있습니다. status 명령어는 프로젝트에 현재 설정된 모든 서비스를 나열하고 각 서비스의 상태를 알려줍니다.

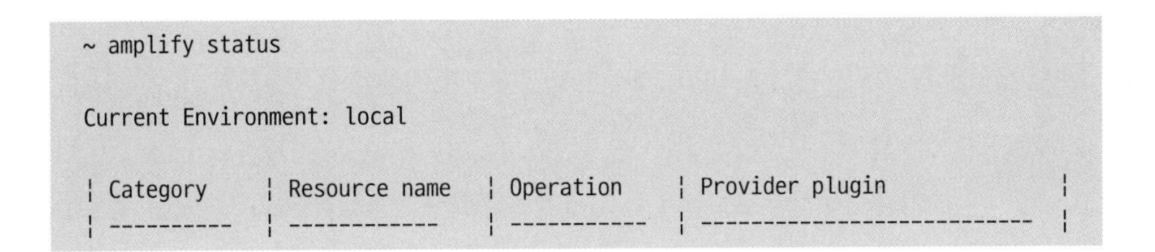

```
~ amplify status

Current Environment: local

| Category   | Resource name | Operation  | Provider plugin           |
| ---------- | ------------- | ---------- | ------------------------- |
```

```
| Function     | cryptofunction | No Change    | awscloudformation              |
| Api          | cryptoapi      | No Change    | awscloudformation              |
```

이 상태 출력에서 주목해야 하는 주요 항목은 Operation입니다. Operation은 프로젝트에서 다음 push 명령어를 실행할 때 어떤 일이 발생할지 알려줍니다. Operation 항목은 Create, Update, Delete 또는 No Change 중 하나로 나타납니다.

2.3 새 API와 통신

이제 리소스가 배포되었으니 리액트 애플리케이션에서 API와 통신할 수 있습니다.

2.3.1 Amplify와 함께 동작하도록 클라이언트 애플리케이션 설정하기

애플리케이션에서 Amplify 클라이언트 라이브러리를 사용하려면 일반적으로 루트에서 설정해야 하는 기본 설정이 있습니다. 리소스를 생성하면 CLI가 aws-exports.js 파일에 리소스에 대한 정보를 추가합니다. 이 파일을 사용해서 Amplify와 함께 동작하도록 클라이언트 애플리케이션을 설정할 수 있습니다.

src/index.js 파일의 마지막 import 아래에 다음과 같이 추가합니다.

```
import Amplify from 'aws-amplify'
import config from './aws-exports'
Amplify.configure(config)
```

2.3.2 Amplify 클라이언트 API 카테고리

클라이언트 애플리케이션에 Amplify 설정을 하면 리소스를 사용할 수 있습니다.

Amplify 클라이언트 라이브러리에는 인증을 위한 Auth, S3에 저장하기 위한 Storage, REST 및 그래프QL API와 통신하기 위한 API 등 다양한 유형의 기능들을 가져오고 사용할 수 있는 다양한 API 카테고리들이 있습니다.

이번에는 API를 이용합니다. API에는 REST API와 통신하기 위한 다양한 함수로 API.get, API.post, API.put 및 API.del가 있으며, 그래프QL과 통신하기 위한 API.graphql이 있습니다.

REST API로 작업할 때 API는 다음 세 가지 인수argument를 사용합니다.

```
API.get(apiName: String, path: String, data?: Object)
```

apiName

명령줄에서 API를 만들 때 지정한 이름입니다. 이 예제에서는 cryptoapi입니다.

path

통신을 시도하는 경로입니다. 이 예제에서는 /coins를 만들었으니 /coins가 됩니다.

data

헤더header, 쿼리 스트링 매개변수query string parameter 또는 바디body를 포함하여 API에 전달할 모든 속성이 포함된 객체로 생략 가능합니다.

이 예제에서 API는 다음과 같이 호출합니다.

```
API.get('cryptoapi', '/coins')
```

API는 async 함수를 사용하여 호출을 처리할 수 있는 Promise를 반환합니다.

```
// Promise
API.get('cryptoapi', '/coins')
  .then(data => console.log(data))
  .catch(error => console.log(error))

// async await
const data = await API.get('cryptoapi', '/coins')
```

이 책에서 사용하는 예제에서는 async 함수를 사용하여 Promise를 처리하겠습니다.

2.3.3 API 호출 및 리액트에서의 데이터 렌더링

src/App.js를 다음과 같이 수정해서 API를 호출하고 데이터를 렌더링하겠습니다.

```
// react에서 userState와 useEffect Hook 가져오기
import React, { useState, useEffect } from 'react'

// AWS Amplify에서 API 가져오기
import { API } from 'aws-amplify'

import './App.css'

function App() {
  // 빈 배열을 초깃값으로 coins 변수 생성
  const [coins, updateCoins] = useState([])

  // API 호출을 위한 fetchCoins 함수 정의
  async function fetchCoins() {
    const data = await API.get('cryptoapi', '/coins')
    updateCoins(data.coins)
  }

  // 컴포넌트가 마운트될 때 fetchCoins 함수 호출
  useEffect(() => {
    fetchCoins()
  }, [])

  return (
    <div className="App">
      {
        coins.map((coin, index) => (
          <div key={index}>
            <h2>{coin.name} - {coin.symbol}</h2>
            <h5>${coin.price_usd}</h5>
          </div>
        ))
      }
    </div>
  );
```

```
}

export default App
```

이제 애플리케이션을 실행합니다.

```
~ npm start
```

애플리케이션이 실행되면 [그림 2-2]와 같이 이름, 기호, 가격이 표시된 코인 리스트를 확인할 수 있습니다.

Bitcoin - BTC

$10000

Ethereum - ETH

$400

Litecoin - LTC

$150

그림 2-2 API에서 데이터 가져오기

2.4 다른 API를 호출하도록 함수 수정

다음으로 데이터를 동적으로 반환하는 CoinLore API를 이용하도록 함수를 수정해보겠습니다. 사용자는 API에서 반환되는 항목의 수를 제한하는 `limit`나 시작 지점을 설정하는 `start` 같은 조건을 추가할 수 있습니다.

시작하려면 먼저 Lambda 함수의 HTTP 엔드포인트와 통신할 방법이 필요합니다. 이 예제에서는 브라우저와 Node.js를 위한 Promise 기반 HTTP 클라이언트인 Axios 라이브러리를 사용하겠습니다.

2.4.1 Axios 설치

가장 먼저 HTTP 요청을 보내기 위해 function 디렉터리에 Axios 패키지를 설치해야 합니다. 다음 명령어를 이용해서 amplify/backend/function/cryptofunction/src 디렉터리로 이동하고 Axios를 설치한 다음 다시 돌아가겠습니다.

```
~ cd amplify/backend/function/cryptofunction/src
~ npm install axios
~ cd ../../../../../
```

2.4.2 함수 수정

다음으로 amplify/backend/function/cryptofunction/src/app.js의 /coins 경로를 다음과 같이 수정합니다.

```
// axios 가져오기
const axios = require('axios')

app.get('/coins', function(req, res) {
  // 기본 URL 정의
  let apiUrl = `https://api.coinlore.com/api/tickers?start=0&limit=10`

  // 쿼리스트링 매개변수가 있는 경우 기본 URL 수정
  if (req.apiGateway && req.apiGateway.event.queryStringParameters) {
   const { start = 0, limit = 10 } = req.apiGateway.event.queryStringParameters
   apiUrl = `https://api.coinlore.com/api/tickers/?start=${start}&limit=${limit}`
  }

  // API 호출 및 응답 반환
  axios.get(apiUrl)
    .then(response => {
      res.json({  coins: response.data.data })
    })
    .catch(err => res.json({ error: err }))
})
```

함수 위에서 Axios 라이브러리를 가져오고 CoinLore API를 호출하는 데 사용했습니다. API

를 호출할 때 start 및 limit 매개변수를 요청에 전달하는 것으로 반환될 코인 수와 시작점을 지정할 수 있습니다.

req 매개변수에는 event와 context 변수를 포함하는 apiGateway 속성이 있습니다. 방금 정의한 함수에서 event가 있는지 확인하고 event의 queryStringParameters 속성을 확인합니다. queryStringParameters 속성이 있다면 해당 값들을 사용해서 기본 URL을 수정합니다. queryStringParameters를 사용하여 CoinLore API를 호출할 때 start 및 limit 값을 지정할 수 있습니다.

함수가 수정되면 push 명령어를 이용해서 수정된 함수를 배포할 수 있습니다.

```
~ amplify status

Current Environment: local

| Category    | Resource name  | Operation     | Provider plugin       |
| ----------- | -------------  | ------------- | --------------------- |
| Function    | cryptofunction | Update        | awscloudformation     |
| Api         | cryptoapi      | No Change     | awscloudformation     |

? Are you sure you want to continue? Y
```

2.4.3 클라이언트 애플리케이션 수정

이제 함수를 수정했으니 사용자에게 limit 및 start 매개변수를 지정할 수 있는 옵션을 제공하도록 리액트 애플리케이션을 수정하겠습니다.

이를 위해 입력을 위한 필드와 새 API 요청 함수를 호출할 수 있는 버튼을 추가해서 사용자에게 제공해야 합니다.

다음 코드를 이용해서 src/App.js를 수정하겠습니다.

```
// limit 및 start에 대한 사용자 입력을 저장할 상태 추가
const [input, updateInput] = useState({ limit: 5, start: 0 })

// 사용자가 입력 값을 수정할 수 있도록 함수 생성
```

```
function updateInputValues(type, value) {
  updateInput({ ...input, [type]: value })
}

// limit 및 start를 이용하도록 fetchCoins 함수 수정
async function fetchCoins() {
  const { limit, start } = input
  const data = await API.get('cryptoapi', `/coins?limit=${limit}&start=${start}`)
  updateCoins(data.coins)
}

// 사용자 입력을 위해 UI 추가
<input
  onChange={e => updateInputValues('limit', e.target.value)}
  placeholder="limit"
/>
<input
  placeholder="start"
  onChange={e => updateInputValues('start', e.target.value)}
/>

// API 호출을 위한 버튼 UI 추가
<button onClick={fetchCoins}>Fetch Coins</button>
```

수정이 완료되면 애플리케이션을 실행해서 확인합니다.

```
~ npm start
```

2.5 마치며

축하합니다. 첫 번째 서버리스 API를 배포했습니다!

2장에서 명심해야 하는 것들은 다음과 같습니다.

- 다양한 이벤트에서 Lambda 함수를 호출할 수 있습니다. 2장에서는 API Gateway의 API 호출을 이용해서 함수를 호출했습니다.
- Amplify CLI에서 `amplify add function` 명령어를 이용해서 Lambda 함수를 생성할 수 있고, `amplify add api` 명령어를 이용해서 API를 생성할 수 있습니다.
- 하나의 API Gateway 엔드포인트는 여러 개의 Lambda 함수와 함께 동작하도록 설정할 수 있습니다. 이번에는 하나의 함수만 연결했습니다.
- Lambda 함수는 기본적으로 Node.js 애플리케이션입니다. 2장의 예제에서는 `get`, `post` 및 `delete` 같은 REST 메서드를 처리하기 위해 익스프레스 애플리케이션을 이용했습니다.
- Amplify 클라이언트 라이브러리의 `API`는 그래프QL과 REST API에서 모두 사용할 수 있습니다.

CHAPTER 3

첫 번째 애플리케이션 만들기

2장에서는 API Gateway와 서버리스 함수를 조합하여 기본 API 계층을 생성했습니다. 이 조합은 매우 강력하지만 실제 데이터베이스와 통신을 하지는 않았습니다.

3장에서는 DynamoDB NoSQL 데이터베이스에서 CRUD+L(create, read, update, delete, list) 작업을 수행하는 그래프QL API를 만들어보겠습니다. 그리고 그래프QL이 무엇인지, 개발자들에게 선택을 받는 이유와 어떻게 동작하는지 알아보겠습니다.

이를 위해 사용자가 노트를 만들고, 수정하고, 삭제할 수 있는 노트 애플리케이션을 만들어보겠습니다. 또한 실시간으로 변경 내역을 확인할 수 있도록 그래프QL 서브스크립션을 사용하겠습니다. 이를 통해 다른 사용자가 새 노트를 만들면 실시간으로 추가된 새 노트가 반영되도록 하겠습니다.

3.1 그래프QL 소개

그래프QL은 REST의 대안이 되는 API 구현체입니다. 이번에는 그래프QL이 무엇이고, 그래프QL API가 무엇으로 구성되어 있으며, 그래프QL이 어떻게 동작하는지 살펴보겠습니다.

3.1.1 그래프QL이란?

그래프QL은 API 명세입니다. API에 대한 쿼리 언어이며 쿼리에 대한 데이터를 받을 수 있는 런타임입니다. REST의 대체재로 사용될 수 있으며 REST와 몇 가지 유사한 점이 있습니다.

그래프QL은 2012년부터 페이스북에서 내부적으로 사용하다가 2015년에 공개되었습니다.[1] 그래프QL을 사용하면 클라이언트에서 API 호출에 필요한 데이터 구조를 정의합니다. 덕분에 서버에서 반환하는 데이터 구조를 정확하게 알 수 있습니다. 이런 방법으로 데이터를 요청하면 클라이언트 사이드 애플리케이션이 훨씬 효율적으로 백엔드 API 및 서비스와 통신할 수 있습니다. 또한 데이터의 언더페칭under-fetching[2] 양을 줄이고, 데이터 오버페칭over-fetching[3]을 방지하며, 타입 오류를 방지할 수 있습니다.

3.1.2 그래프QL API의 구성 요소

그래프QL API는 [그림 3-1]과 같이 스키마schema, 리졸버resolver, 데이터 소스의 세 가지 주요 부분으로 구성됩니다.

그림 3-1 그래프QL API 디자인

그래프QL 스키마 정의 언어schema definition language(SDL)로 작성된 스키마는 API에 의해 사용될 데이터 모델과 작업을 정의합니다. 스키마는 기본 타입(데이터 모델)과 그래프QL 작업으로 구성됩니다. 그래프QL 작업에는 데이터를 가져오기 위한 쿼리, 데이터 생성, 수정, 삭제를 위한 뮤테이션 및 실시간 데이터 변경 사항을 전달받는 서브스크립션이 있습니다.

다음은 그래프QL 스키마의 예입니다.

---

1 옮긴이_ https://engineering.fb.com/2015/09/14/core-data/graphql-a-data-query-language/

2 옮긴이_ 엔드포인트에서 충분한 데이터를 가져오지 못해 추가 데이터를 요청해야 하는 것

3 옮긴이_ 필요하지 않은 데이터를 너무 많이 가져오는 것

```
# 기본 타입
type Todo {
  id: ID
  name: String
  completed: Boolean
}

# 쿼리 정의
type Query {
  getTodo(id: ID): Todo
  listTodos: [Todo]
}

# 뮤테이션 정의
type Mutation {
  createTodo(input: Todo): Todo
}

# 서브스크립션 정의
type Subscription {
  onCreateTodo: Todo
}
```

스키마가 생성되면 스키마에 정의된 그래프QL 작업(쿼리, 뮤테이션, 서브스크립션)에 대한 리졸버를 작성할 수 있습니다. 그래프QL 리졸버는 그래프QL 작업이 수행해야 하는 것을 알려주며 일반적으로 [그림 3-2]처럼 데이터 소스 혹은 다른 API와 상호작용합니다.

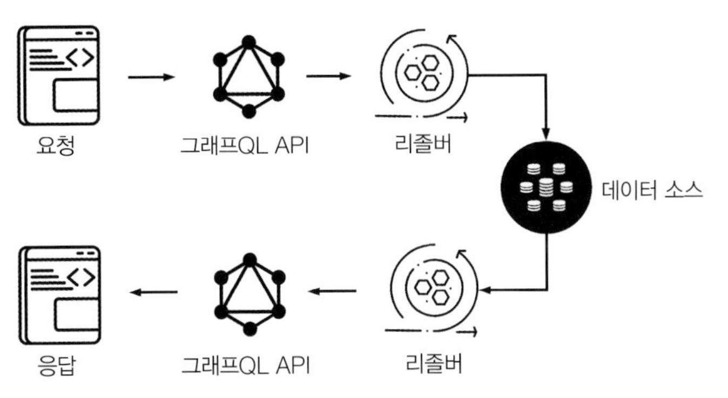

그림 3-2 그래프QL의 작동 원리

3.1.3 그래프QL 작업

그래프QL 작업은 API 데이터 소스와 상호작용하는 방법을 정의합니다. 그래프QL 작업은 RESTful API의 HTTP 메서드와 유사하게 매핑될 수 있습니다.

```
GET -> Query
PUT -> Mutation
POST -> Mutation
DELETE -> Mutation
PATCH -> Mutation
```

그래프QL 요청 작업은 키만 있고 값이 없는 자바스크립트 객체와 비슷합니다. 키와 값은 그래프QL 작업 응답으로 반환됩니다. 다음은 항목의 리스트를 가져오는 일반적인 그래프QL 쿼리의 예입니다.

```
query {
  listTodos {
    id
    name
    completed
  }
}
```

이 요청은 다음과 같은 결과를 반환합니다.

```
{
  "data": {
    "listTodos": [
      { "id": "0", "name": "buy groceries", "completed": false },
      { "id": "1", "name": "exercise", "completed": true }
    ]
  }
}
```

그래프QL 작업에 인수를 전달할 수도 있습니다. 다음은 Todo의 ID를 전달해서 특정 Todo를 가져오는 쿼리입니다.

```
query {
  getTodo(id: "0") {
    name
    completed
  }
}
```

이 요청은 다음 응답을 반환합니다.

```
{
  "data": {
    "getTodo": {
      "name": "buy groceries"
      "completed": false
    }
  }
}
```

그래프QL 서버를 구현하는 방법은 여러 가지가 있지만 이 책에서는 AWS AppSync를 사용하겠습니다. AppSync는 Amplify CLI를 사용하여 그래프QL API, 리졸버 및 데이터 소스를 빠르고 쉽게 배포할 수 있는 관리형 서비스입니다.

3.2 그래프QL API 생성

이제 그래프QL이 무엇인지 이해했으니 그래프QL을 사용하여 노트 애플리케이션을 만들어보겠습니다.

먼저 새 리액트 애플리케이션을 만들고 필요한 종속성을 설치해야 합니다. 이 애플리케이션은 API를 위한 AWS Amplify 라이브러리, 고유한 id 생성을 위한 UUID 라이브러리, 스타일링을 위한 Ant Design 라이브러리를 사용합니다.

```
~ npx create-react-app notesapp
~ cd notesapp
~ npm install aws-amplify antd uuid
```

설치가 완료되면 Amplify 프로젝트를 만들겠습니다.

```
~ amplify init

? Enter a name for the project: notesapp
? Enter a name for the environment: dev
? Choose your default editor: <선호하는 에디터>
? Choose the type of app that you're building: javascript
? What javascript framework are you using: react
? Source Directory Path: src
? Distribution Directory Path: build
? Build Command: npm run-script build
? Start Command: npm run-script start
? Select the authentication method you want to use: AWS profile
? Please choose the profile you want to use: <amplify configure에서 생성한 AWS
  프로필>
```

Amplify 프로젝트가 생성되면 그래프QL API를 추가할 수 있습니다.

```
~ amplify add api

? Please select from one of the below mentioned services: GraphQL
? Provide API name: notesapi
? Choose the default authorization type for the API: API Key
? Enter a description for the API key: public (또는 다른 설명)
? After how many days from now the API key should expire(1-365):
  365 (또는 원하는 만료 기간)
? Do you want to configure advanced settings for the GraphQL API: No, I am done.
? Do you have an annotated GraphQL schema? N
? Choose a schema template: Single object with fields
? Do you want to edit the schema now? Y
```

마지막 선택지에서 Y를 입력하면 에디터에서 CLI에 의해 생성된 그래프QL 스키마(`notesapp/amplify/backend/api/notesapi/schema.grapql`)가 열립니다. 그래프QL 스키마를 다음과 같이 수정하고 저장하겠습니다.

```
type Note @model {
  id: ID!
  clientId: ID
  name: String!
```

```
    description: String
    completed: Boolean
  }
```

이 스키마에는 5개의 필드가 포함된 Note 타입이 있습니다. 필드는 null이 가능한 비필수 항목이거나 null이 불가능한 필수 항목이 될 수 있습니다. null이 불가능한 필수 항목은 !로 지정할 수 있습니다.

스키마에서 Note 타입은 @model 디렉티브directive가 추가되어 있습니다. 이 디렉티브는 그래프QL SDL이 아닌 AWS Amplify GraphQL Transform[4] 라이브러리에 속합니다.

GraphQL Transform 라이브러리를 사용하면 @model, @connection, @auth 등과 같은 디렉티브를 그래프QL 스키마에 추가할 수 있습니다.

이 스키마에 사용된 @model 디렉티브는 기본 Note 타입을 다음 항목을 포함한 확장된 AWS AppSync 그래프QL API로 변환합니다.

1. 쿼리와 뮤테이션에 대한 추가적인 스키마 정의(Create, Read, Update, Delete, List 작업)
2. 그래프QL 서브스크립션에 대한 추가적인 스키마 정의
3. DynamoDB 데이터베이스
4. DynamoDB 데이터베이스에 매핑된 모든 그래프QL 작업에 대한 리졸버 코드

이제 push 명령어를 이용해서 API를 배포하겠습니다.

```
~ amplify push

? Are you sure you want to continue? Y
? Do you want to generate code for your newly created GraphQL API: Yes
? Choose the code generation language target: javascript
? Enter the file name pattern of graphql queries, mutations and
  subscriptions: src/graphql/**/*.js
? Do you want to generate/update all possible GraphQL operations -
  queries, mutations and subscriptions: Y
? Enter maximum statement depth [increase from default if your schema is
  deeply nested]: 2
```

4 옮긴이_ https://docs.amplify.aws/cli/graphql-transformer/overview

배포가 완료되면 사용자 계정에 API와 데이터베이스가 성공적으로 만들어집니다. 다음으로 AWS Console에서 새로 생성한 AppSync API를 열고 몇 가지 그래프QL 작업을 테스트해보겠습니다.

3.3 그래프QL API와 통신 및 확인

다음 명령어를 이용하여 언제든지 AWS Console에서 API를 열 수 있습니다.

```
amplify console api

? Please select from one of the below mentioned services: GraphQL
```

명령어를 이용하여 열린 AppSync 대시보드의 왼쪽 메뉴에서 [Queries]를 클릭하여 쿼리 편집기를 엽니다. 쿼리 편집기를 이용하면 API를 사용하여 그래프QL 쿼리, 뮤테이션, 서브스크립션을 테스트할 수 있습니다.

가장 먼저 새 노트를 생성하는 뮤테이션을 테스트해보겠습니다. 쿼리 편집기에서 [그림 3-3]처럼 다음 뮤테이션을 실행해보겠습니다.

```
mutation createNote {
  createNote(input: {
    name: "Book flight"
    description: "Flying to Paris on June 1 returning June 10"
    completed: false
  }) {
    id name description completed
  }
}
```

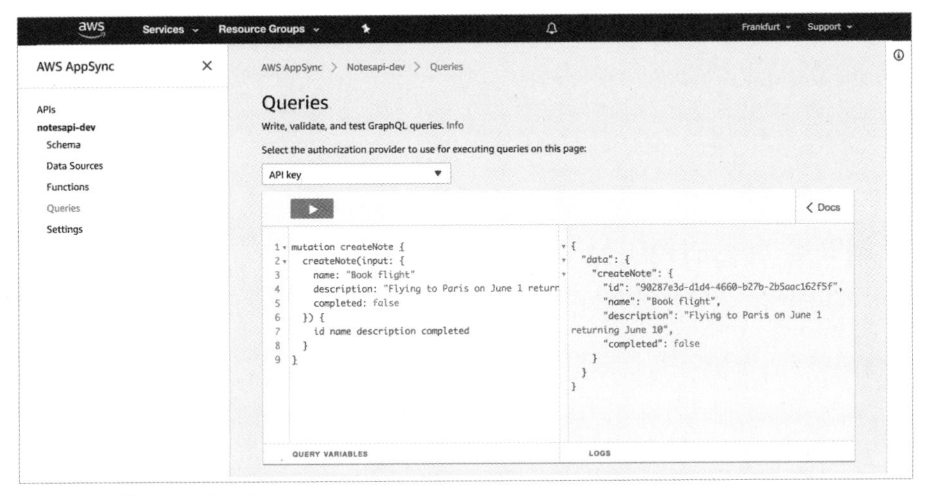

그림 3-3 그래프QL 뮤테이션

새 항목을 생성했으니 이제 모든 노트에 대해 쿼리해보겠습니다.

```
query listNotes {
  listNotes {
    items {
      id
      name
      description
      completed
    }
  }
}
```

노트 중 하나의 ID를 이용하여 단일 노트를 쿼리할 수도 있습니다.

```
query getNote {
  getNote(id: "<NOTE_ID>") {
    id
    name
    description
    completed
  }
}
```

이제 그래프QL API가 배포되고 제대로 작동한다는 것을 알았으므로 몇 가지 프런트엔드 코드를 작성해보겠습니다.

3.4 리액트 애플리케이션 구축

가장 먼저 src/aws-exports.js에 있는 Amplify 리소스를 인식하도록 리액트 애플리케이션을 설정해야 합니다. 이를 위해 src/index.js를 열고 마지막 import 아래에 다음을 추가하겠습니다.

```
import Amplify from 'aws-amplify'
import config from './aws-exports'
Amplify.configure(config)
```

3.4.1 노트 리스트(그래프QL 쿼리)

애플리케이션 설정이 완료되었으니 이제 그래프QL API를 호출할 수 있습니다. 첫 번째로 모든 노트를 나열하는 쿼리를 구현하겠습니다.

쿼리가 리스트를 반환하고 모든 항목에 대해 노트 이름, 설명, 완료 여부를 표시합니다.

먼저, src/App.js 파일을 다음과 같이 수정하겠습니다.

```
import React, { useEffect, useReducer } from 'react'
import { API } from 'aws-amplify'
import { List } from 'antd'
import 'antd/dist/antd.css'
import { listNotes } from './graphql/queries'
```

우선 몇 가지 용어에 대해 알아보겠습니다.

useEffect와 useReducer

리액트 Hook입니다.

API

AppSync 엔드포인트와 통신하기 위해 사용할 그래프QL 클라이언트입니다. fetch 혹은 axios와 유사합니다.

List

리스트를 렌더링할 Ant Design 라이브러리의 UI 컴포넌트입니다.

ListNotes

노트 리스트를 가져오는 그래프QL 쿼리 작업입니다.

다음으로 애플리케이션의 초기 상태를 저장할 수 있는 변수를 만들어야 합니다. 애플리케이션이 여러 상태를 저장하고 사용할 것이기 때문에 리액트의 useReducer Hook을 이용해서 상태를 관리하겠습니다.

useReducer는 다음과 같이 사용합니다.

```
const [state, dispatch] = useReducer(reducer <function>, initialState <any>)
```

useReducer는 함수 타입의 (state, action) => newState와 initialState를 인자로 받습니다.

다음은 useReducer 사용에 대한 간단한 예시입니다.

```
/* 상태 */
const initialState = { notes: [] }

/* reducer 함수 */
function reducer(state, action) {
  switch(action.type) {
    case 'SET_NOTES':
      return { ...state, notes: action.notes }
    default:
      return state
  }
}
```

```
/* useReducer 사용 */
const [state, dispatch] = useReducer(reducer, initialState)

/* reducer 함수로 변경 내역 전송 */
const notes = [{ name: 'Hello World' }]
dispatch({ type: 'SET_NOTES', notes: notes })

/* 상태 사용 */
{
  state.notes.map(note => <p>{note.name}</p>)
}
```

useReducer Hook을 호출하면 두 항목을 포함한 배열을 반환합니다.

- 애플리케이션의 상태
- 애플리케이션의 상태를 업데이트할 수 있는 dispatch 함수

노트 애플리케이션의 초기 상태는 노트의 리스트를 갖고 있는 notes, 노트의 속성들을 나타내는 객체 form, 각각 오류 상태와 로딩 상태를 나타내는 error와 loading으로 구성하겠습니다.

src/App.js에서 마지막 import 다음에 initialState 객체를 추가하겠습니다.

```
const initialState = {
  notes: [],
  loading: true,
  error: false,
  form: { name: '', description: '' }
}
```

이제 reducer 함수를 만들겠습니다. 현재는 reducer가 노트 리스트를 수정하거나 오류 상태를 설정하는 케이스만 있습니다.

```
function reducer(state, action) {
  switch(action.type) {
    case 'SET_NOTES':
      return { ...state, notes: action.notes, loading: false }
    case 'ERROR':
      return { ...state, loading: false, error: true }
    default:
```

```
        return state
    }
  }
```

다음으로 useReducer를 이용해서 state와 dispatch 변수를 생성하도록 App 함수를 만들겠습니다. useReducer를 호출할 때 매개변수로 reducer와 initialState를 전달하겠습니다.

```
export default function App() {
  const [state, dispatch] = useReducer(reducer, initialState)
}
```

App 함수 안에 노트 리스트를 가져오는 fetchNotes 함수를 만들겠습니다. 노트 리스트를 가져오기 위해 AppSync API를 호출합니다. API 호출이 성공하면 반환된 리스트로 notes의 값을 수정합니다.

```
async function fetchNotes() {
  try {
    const notesData = await API.graphql({
      query: listNotes
    })
    dispatch({ type: 'SET_NOTES', notes: notesData.data.listNotes.items })
  } catch (err) {
    console.log('error: ', err)
    dispatch({ type: 'ERROR' })
  }
}
```

이제 App 함수에서 useEffect Hook을 이용하여 fetchNotes 함수를 호출하도록 만들겠습니다.

```
useEffect(() => {
  fetchNotes()
}, [])
```

> **NOTE_** useEffect는 componentDidMount와 유사합니다. useEffect는 컴포넌트가 렌더링된 후에 호출됩니다. useEffect의 두 번째 인수는 의존값을 갖고 있는 배열로 useEffect의 호출 여부를 결정합니다. 배열이 비어 있으면 컴포넌트가 마운트될 때만 호출됩니다. 배열에 값이 있으면 해당 값이 변경되었을 때 useEffect가 호출됩니다.

다음으로 App 함수가 다음과 같이 UI 컴포넌트를 반환하도록 코드를 추가하겠습니다.

```
return (
  <div style={styles.container}>
    <List
      loading={state.loading}
      dataSource={state.notes}
      renderItem={renderItem}
    />
  </div>
)
```

여기서는 Ant Design의 List 컴포넌트를 사용했습니다. 이 컴포넌트는 배열(dataSource)과 매핑되고 renderItem 함수를 호출하여 배열의 각 항목에 대한 컴포넌트를 반환합니다. 다음으로 App 함수에서 renderItem 함수를 정의하겠습니다.

```
function renderItem(item) {
  return (
    <List.Item style={styles.item}>
      <List.Item.Meta
        title={item.name}
        description={item.description}
      />
    </List.Item>
  )
}
```

마지막으로 애플리케이션에서 사용할 컴포넌트의 스타일을 만들겠습니다.

```
const styles = {
  container: { padding: 20 },
  input: { marginBottom: 10 },
```

```
    item: { textAlign: 'left' },
    p: { color: '#1890ff' }
  }
```

이제 애플리케이션을 실행할 준비가 완료되었습니다! 터미널에서 start 명령어를 이용해서 애플리케이션을 실행하겠습니다.

```
~ npm start
```

애플리케이션이 실행되면 [그림 3-4]와 같이 화면에 현재 노트 리스트가 렌더링됩니다.

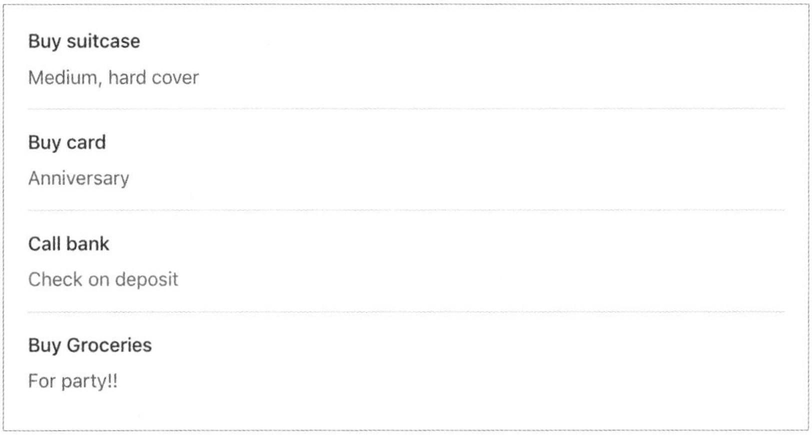

Buy suitcase
Medium, hard cover

Buy card
Anniversary

Call bank
Check on deposit

Buy Groceries
For party!!

그림 3-4 노트 리스트

3.4.2 노트 생성(그래프QL 뮤테이션)

이제 노트 리스트를 쿼리하는 방법을 알았으니 새 노트를 **생성**하는 방법을 알아보겠습니다. 새 노트를 만들기 위해서는 다음 세 가지가 필요합니다.

1. 새 노트 생성을 위한 양식
2. 사용자가 양식에 입력할 때 상태를 변경하는 함수
3. API를 호출하여 새 노트를 생성하고 생성된 새 노트를 UI에 추가하는 함수

먼저 클라이언트에 대한 고유한 식별자를 만들 수 있도록 UUID 라이브러리를 가져오겠습니다. 이는 이후 서브스크립션을 구현할 때 노트를 만든 클라이언트를 식별할 수 있도록 해줍니다. 또한 Ant Design에서 Input 컴포넌트와 Button 컴포넌트를 가져오겠습니다.

```
import { v4 as uuid } from 'uuid'
import { List, Input, Button } from 'antd'
```

다음으로 createNote 뮤테이션을 가져오겠습니다.

```
import { createNote as CreateNote } from './graphql/mutations'
```

그리고 마지막 import 아래에 다음과 같이 CLIENT_ID 변수를 생성하겠습니다.

```
const CLIENT_ID = uuid()
```

이제 reducer 함수의 switch 문을 수정하여 세 가지 새로운 케이스를 추가하겠습니다. 추가되는 세 가지 케이스는 다음과 같습니다.

1. 로컬 상태에 새 노트 추가
2. form을 지워서 초기화
3. 사용자가 입력할 때 form 상태 변경

```
case 'ADD_NOTE':
  return { ...state, notes: [action.note, ...state.notes]}
case 'RESET_FORM':
  return { ...state, form: initialState.form }
case 'SET_INPUT':
  return { ...state, form: { ...state.form, [action.name]: action.value } }
```

다음으로 App 함수에 createNote 함수를 만들겠습니다.

```
async function createNote() {
  const { form } = state
  if (!form.name || !form.description) {
     return alert('please enter a name and description')
```

```
  }
  const note = { ...form, clientId: CLIENT_ID, completed: false, id: uuid() }
  dispatch({ type: 'ADD_NOTE', note })
  dispatch({ type: 'RESET_FORM' })
  try {
    await API.graphql({
      query: CreateNote,
      variables: { input: note }
    })
    console.log('successfully created note!')
  } catch (err) {
    console.log("error: ", err)
  }
}
```

이 함수에서는 API 호출이 성공하기 전에 로컬의 상태를 수정합니다. 이를 **optimistic response**[5]라고 합니다. 사용자가 새 노트를 추가하는 즉시 UI가 빠르게 업데이트되길 원하기 때문에 이렇게 작업을 합니다. API 호출에 실패하면 catch 블록에서 기능을 구현해 사용자에게 오류를 알릴 수 있습니다.

이제 사용자가 값을 입력할 때 form 상태를 변경할 onChange 핸들러를 App 함수에 만들겠습니다.

```
function onChange(e) {
  dispatch({ type: 'SET_INPUT', name: e.target.name, value: e.target.value })
}
```

마지막으로 List 컴포넌트 코드 위에 두 개의 입력창과 버튼을 나타내는 컴포넌트를 추가해서 양식을 렌더링하겠습니다.

```
<Input
  onChange={onChange}
  value={state.form.name}
  placeholder="Note Name"
  name="name"
```

5 옮긴이_ optimistic response는 서버에서 응답을 받기 전에 응답 결과를 예상하여 뮤테이션과 결과에 반영하고, 서버로부터 실제 응답을 받으면 낙관적으로 예상한 결과는 버리고 실제 값을 사용합니다. 이를 통해 사용자에게 애플리케이션이 더 빠르게 반응하는 경험을 줄 수 있습니다.

```
    style={styles.input}
  />
  <Input
    onChange={onChange}
    value={state.form.description}
    placeholder="Note description"
    name="description"
    style={styles.input}
  />
  <Button
    onClick={createNote}
    type="primary"
  >Create Note</Button>
```

이제 [그림 3-5]처럼 [Create Note] 버튼을 사용하여 새 노트를 생성할 수 있습니다.

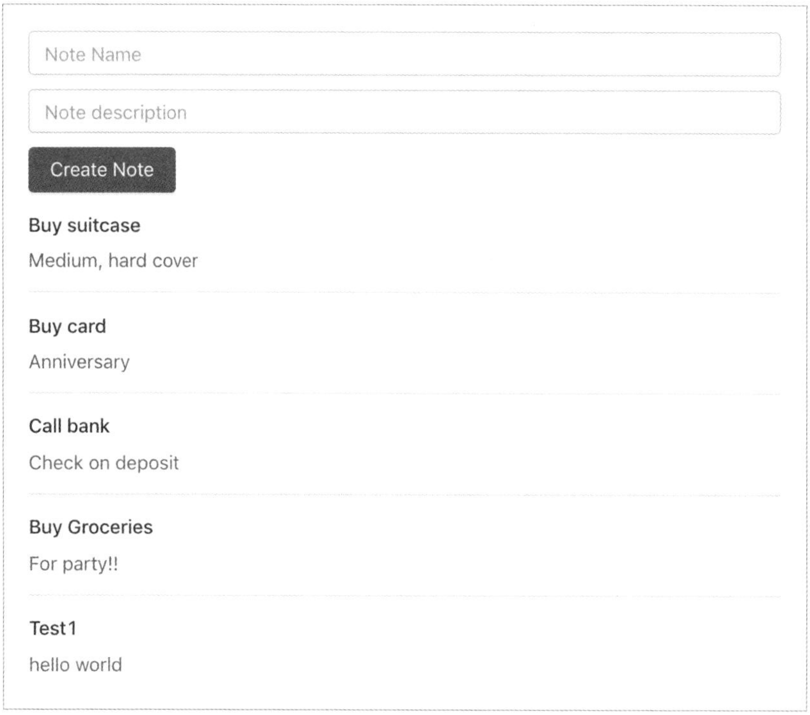

그림 3-5 노트 생성

3.4.3 노트 삭제(그래프QL 뮤테이션)

다음으로 노트를 **삭제**하는 방법에 대해 알아보겠습니다. 노트 삭제를 위해서는 다음과 같은 것들이 필요합니다.

1. 그래프QL API와 UI에서 노트를 삭제하는 `deleteNote` 함수
2. 각 노트에 `deleteNote` 함수를 호출하는 버튼

먼저 `deleteNote` 뮤테이션을 가져오겠습니다.

```
import {
  createNote as CreateNote,
  deleteNote as DeleteNote
} from './graphql/mutations'
```

그 후 `App` 함수 안에 `deleteNote` 함수를 만들겠습니다.

```
async function deleteNote({ id }) {
  const index = state.notes.findIndex(n => n.id === id)
  const notes = [
    ...state.notes.slice(0, index),
    ...state.notes.slice(index + 1)
  ]
  dispatch({ type: 'SET_NOTES', notes })
  try {
    await API.graphql({
      query: DeleteNote,
      variables: { input: { id } }
    })
    console.log('successfully deleted note!')
    } catch (err) {
      console.log({ err })
  }
}
```

이 함수에서는 노트의 인덱스를 찾고 삭제된 노트를 제외한 노트 리스트를 만듭니다. 그 후 새 노트 리스트를 `SET_NOTES` 작업으로 전달하여 로컬 상태를 업데이트합니다. 그다음 그래프QL API를 호출하여 AppSync API에서 노트를 삭제합니다.

이제 renderItem 함수의 List.Item 컴포넌트를 수정하여 actions 속성에 deleteNote 함수를 호출하는 삭제 버튼을 추가하겠습니다.

```
<List.Item
  style={styles.item}
  actions={[
    <p style={styles.p} onClick={() => deleteNote(item)}>Delete</p>
  ]}
>
  <List.Item.Meta
    title={item.name}
    description={item.description}
  />
</List.Item>
```

이제 [그림 3-6]처럼 각 노트를 삭제하는 [Delete] 버튼을 사용할 수 있습니다.

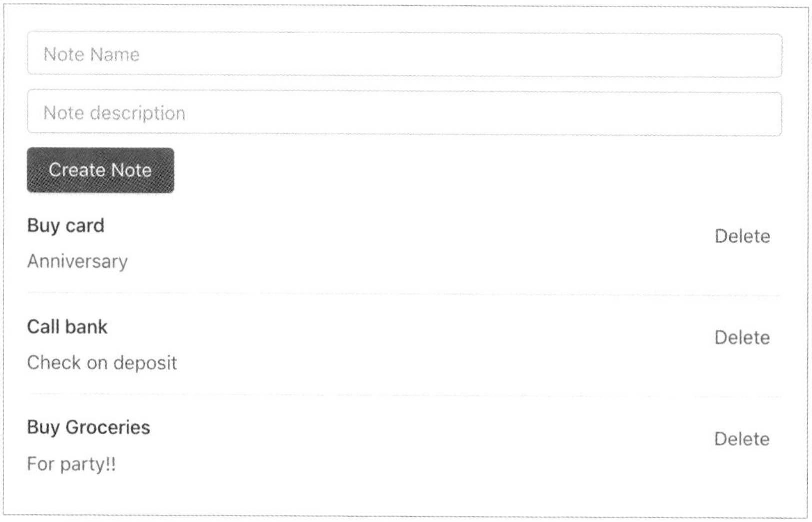

그림 3-6 노트 삭제

3.4.4 노트 수정(그래프QL 뮤테이션)

다음으로 추가할 기능은 노트 **수정** 기능입니다. 이를 위해 다음 두 가지가 필요합니다.

1. UI와 그래프QL API에서 노트를 수정하는 updateNote 함수
2. 각 노트에 updateNote 함수를 호출하는 버튼

가장 먼저 updateNote 뮤테이션을 가져오겠습니다.

```
import {
  updateNote as UpdateNote,
  createNote as CreateNote,
  deleteNote as DeleteNote
} from './graphql/mutations'
```

다음으로 App 함수 안에 updateNote 함수를 만들겠습니다.

```
async function updateNote(note) {
  const index = state.notes.findIndex(n => n.id === note.id)
  const notes = [...state.notes]
  notes[index].completed = !note.completed
  dispatch({ type: 'SET_NOTES', notes })
  try {
    await API.graphql({
      query: UpdateNote,
      variables: { input: { id: note.id, completed: notes[index].completed } }
    })
    console.log('note successfully updated!')
  } catch (err) {
    console.log('error: ', err)
  }
}
```

이 함수에서는 가장 먼저 선택된 노트의 인덱스를 찾은 다음 노트 리스트의 복사본을 만듭니다. 그다음 노트 리스트의 복사본에서 선택한 노트의 completed 값을 현재 값의 반대 값으로 수정합니다. 그런 다음 수정 내용이 반영된 노트 리스트를 로컬의 상태에 반영하고, 그래프QL API를 호출하여 API에서 수정되어야 하는 노트를 전달합니다.

마지막으로 List.Item 컴포넌트를 수정하여 updateNote 함수를 호출할 수 있는 버튼을 추가하겠습니다. 이 버튼은 completed의 값이 true인지 false인지에 따라 completed 또는 mark completed로 렌더링됩니다.

```
<List.Item
  style={styles.item}
  actions={[
    <p style={styles.p} onClick={() => deleteNote(item)}>Delete</p>,
    <p style={styles.p} onClick={() => updateNote(item)}>
      {item.completed ? 'completed' : 'mark completed'}
    </p>
  ]}
>
```

이제 [그림 3-7]처럼 노트의 완료 여부를 수정할 수 있습니다.

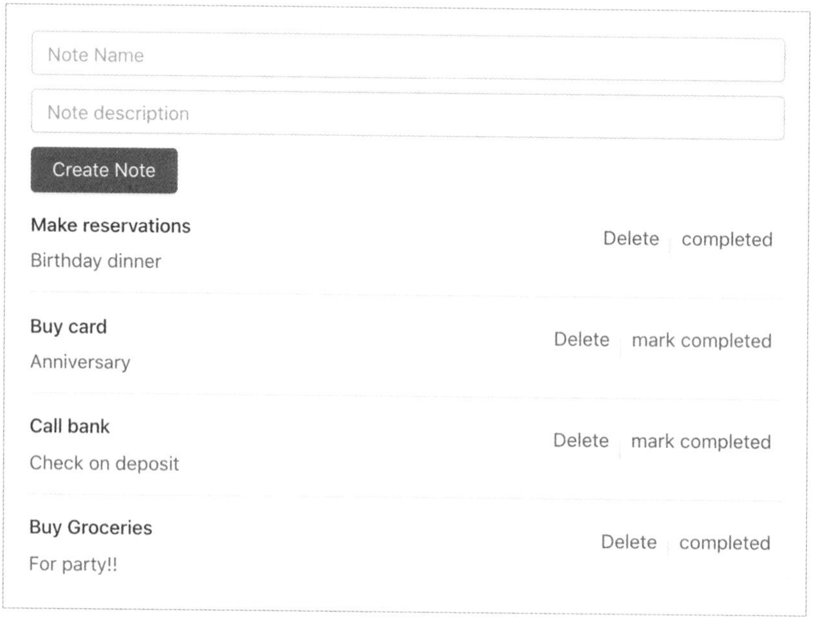

Note Name
Note description
Create Note
Make reservations
Birthday dinner
Delete completed
Buy card
Anniversary
Delete mark completed
Call bank
Check on deposit
Delete mark completed
Buy Groceries
For party!!
Delete completed

그림 3-7 노트 수정

3.4.5 실시간 데이터(그래프QL 서브스크립션)

노트 애플리케이션에서 구현할 마지막 기능은 **실시간**으로 수정 내역을 전달받는 기능입니다. 이를 이용해 새 노트가 생성되었을 때 변경 내역을 전달받도록 하겠습니다. 새 노트가 생성되면 애플리케이션에서 생성된 노트를 전달받아 노트 리스트를 업데이트하고 화면에 렌더링되도록 구현하겠습니다.

이를 위해 그래프QL 서브스크립션을 구현해야 합니다. 그래프QL 서브스크립션을 이용하면 다양한 이벤트를 전달받을 수 있습니다. 이런 이벤트는 일반적으로 생성, 수정, 삭제 같은 뮤테이션을 통해 발생합니다. 이러한 이벤트 중 하나가 발생하면 이벤트의 데이터가 서브스크립션 설정이 완료된 클라이언트로 전송됩니다. 그 후 클라이언트로 전달되는 데이터를 처리하는 것은 사용자의 몫입니다.

이 작업을 수행하려면 useEffect Hook에서 서브스크립션을 설정하고 데이터가 전달되는 노트 데이터를 ADD_NOTE 타입으로 전달해야 합니다.

먼저 onCreateNote 서브스크립션을 가져오겠습니다.

```
import { onCreateNote } from './graphql/subscriptions'
```

그다음 아래 코드처럼 useEffect Hook을 수정하겠습니다.

```
useEffect(() => {
  fetchNotes()
  const subscription = API.graphql({
    query: onCreateNote
  }).subscribe({
    next: noteData => {
      const note = noteData.value.data.onCreateNote
      if (CLIENT_ID === note.clientId) return
      dispatch({ type: 'ADD_NOTE', note })
    }
  })
  return () => subscription.unsubscribe()
}, [])
```

useEffect에서는 onCreateNote 이벤트에 대해 데이터를 전달받고 있습니다. 새 노트가 생성되면 이벤트가 트리거되고 새 노트 데이터를 매개변수로 전달하며 next 함수가 호출됩니다.

전달된 노트 데이터를 이용하여 클라이언트가 노트를 생성한 애플리케이션인지 확인합니다. 만약 노트를 생성한 클라이언트면 어떤 작업도 하지 않습니다. 반대로 노트를 생성한 클라이언트가 아니면 새 노트 데이터를 ADD_NOTE 타입으로 전달합니다.

3.5 마치며

축하합니다. 첫 번째 서버리스 그래프QL 애플리케이션을 배포했습니다!

3장에서는 다음 사항들을 기억해야 합니다.

- `useEffect` Hook은 컴포넌트가 렌더링된 후 실행된다는 점에서 리액트 라이프사이클의 `componentDidMount`와 유사합니다.
- `useReducer` Hook을 사용하면 애플리케이션 상태를 관리할 수 있으며 복잡한 로직을 가진 애플리케이션에서 `useState`보다 더 선호됩니다.
- 그래프QL **쿼리**는 그래프QL API에서 데이터를 가져옵니다.
- 그래프QL **뮤테이션**은 그래프QL API에서 데이터를 생성, 수정, 삭제하는 데 사용됩니다.
- 그래프QL **서브스크립션**을 사용해서 그래프QL API에서 실시간으로 이벤트를 전달받을 수 있습니다.

CHAPTER 4

인증 소개

인증과 **자격 증명**은 거의 모든 애플리케이션에서 필수적인 부분입니다. 사용자가 누구인지, 어떤 권한을 가졌는지, 사용자의 로그인 여부와 고유한 자격 증명을 확보하면 애플리케이션이 올바른 화면을 렌더링하고 로그인한 사용자에게 알맞은 데이터를 제공할 수 있습니다.

대부분의 애플리케이션은 사용자 가입, 사용자 로그인, 비밀번호 암호화, 업데이트뿐만 아니라 자격 증명 관리와 관련된 수많은 작업을 처리할 수 있는 메커니즘이 필요합니다. 최신 애플리케이션은 개방형 인증open authentication(OAuth), MFAmulti-factor authentication, TOTPtime-based one-time password 같은 인증 기능을 요구합니다.

과거에는 개발자들이 이런 인증 기능을 처음부터 모두 구현해야 했습니다. 개발 팀이 몇 주 혹은 몇 달이나 걸려서 작업해야 이 기능이 올바르고 안전하게 동작할 수 있었습니다. 하지만 최근에는 Auth0, Okta,[1] Amazon Cognito와 같이 모든 것을 처리해주고 관리해주는 인증 서비스가 있습니다.

4장에서는 리액트 애플리케이션에서 Amazon Cognito와 AWS Amplify를 사용하여 인증 기능을 안전하고 올바르게 구현하는 방법에 대해 알아보겠습니다.

만들어볼 애플리케이션은 인증이 필요한 기본 애플리케이션이며 로그인한 사용자의 정보를 보여주는 프로필 페이지도 있습니다. 사용자가 로그인하면 **공용 경로**public route, 인증 양식을 사용하는 **프로필 경로**profile route 및 로그인한 사용자만 볼 수 있는 **보호된 경로**protected route 사이를 이동

1 옮긴이_ https://www.okta.com

할 수 있습니다.

로그인하지 않은 경우 공용 경로와 프로필 경로에 있는 인증 양식만 볼 수 있습니다. 사용자가 로그인하지 않고 보호된 경로에 접근하는 경우 인증 양식으로 리다이렉션redirection해서 로그인하도록 합니다. 사용자가 인증에 성공하면 보호된 경로에 접근할 수 있도록 합니다.

또한 이 애플리케이션은 **사용자의 상태**를 유지하므로 새로고침하거나 다른 곳으로 이동했다가 돌아와도 로그인 상태를 유지합니다.

4.1 Amazon Cognito 소개

Amazon Cognito는 AWS의 완전 관리형 **자격 증명 서비스**입니다. Cognito를 사용하면 간편하고 안전한 사용자 가입과 로그인, **접근 제어** 및 **사용자 자격 증명 관리**를 할 수 있습니다. Cognito는 수백만 명의 사용자를 지원할 수 있으며 페이스북, 구글, 아마존과 같은 소셜 ID 제공 업체를 통한 로그인도 지원합니다. 또한 처음 5만 명의 사용자까지는 무료로 이용이 가능합니다.

4.1.1 Amazon Cognito의 동작 방식

Cognito에는 **사용자 풀**user pool과 **자격 증명 풀**identity pool의 두 가지 주요 부분이 있습니다.

사용자 풀

완전 관리형 서비스로 모든 사용자를 저장하고 수억 명의 사용자를 지원할 수 있는 보안 사용자 디렉터리를 제공합니다. 서버리스 기술인 사용자 풀은 인프라 구축에 대한 걱정 없이 쉽게 설정할 수 있습니다. 사용자 풀은 사용자 가입 및 로그인하는 모든 사용자를 관리하는 것으로 4장에서 중점적으로 다룰 것입니다.

자격 증명 풀

자격 증명 풀을 이용하여 로그인한 사용자에게 다양한 AWS 서비스에 접근할 수 있는 권한을 부여할 수 있습니다. 사용자가 다른 API에서 데이터를 가져올 수 있도록 Lambda 함수에 접근을 허용하고 싶다고 가정해보겠습니다. 이 권한은 자격 증명 풀을 생성할 때 지정할 수 있습니다. 자격 증명 풀은 Cognito 사용자 풀뿐만 아니라 페이스북이나 구글 같은 자격 증명 공급 업체도 지원합니다.

Cognito 사용자 풀을 사용하면 애플리케이션에서 다음과 같은 다양한 항목들을 포함한 사용자 자격 증명에 관련된 모든 관리 서비스를 사용할 수 있습니다.

- 사용자 가입
- 사용자 로그인
- 사용자 로그아웃
- 사용자 비밀번호 변경
- 사용자 비밀번호 재설정
- MFA 코드 확인

4.1.2 AWS Amplify와 Amazon Cognito 통합

AWS Amplify는 다양한 방식으로 Amazon Cognito를 지원합니다. 먼저 Amplify CLI에서 Amazon Cognito를 직접 생성하고 설정할 수 있습니다. CLI를 이용하여 인증 서비스를 생성한 후에는 Amplify 자바스크립트 클라이언트 라이브러리를 이용하여 자바스크립트 애플리케이션에서 `signUp`, `signIn`, `signOut` 같은 다양한 기능을 호출할 수 있습니다.

Amplify에는 리액트, 리액트 네이티브, 뷰, 앵귤러 같은 프레임워크에서 몇 줄의 코드만으로 전체 인증 흐름을 구현할 수 있는 UI 컴포넌트도 있습니다.

4장에서는 Amplify CLI, Amplify 자바스크립트 클라이언트, 리액트 UI 컴포넌트를 이용하여 **라우팅**, **인증**, **보호된 경로**를 가진 애플리케이션을 구현해보겠습니다. 또한 라우팅을 위해 React Router 라이브러리를 사용하고 Ant Design 라이브러리를 사용하여 [그림 4-1]처럼 애플리케이션의 기본 스타일을 구성하겠습니다.

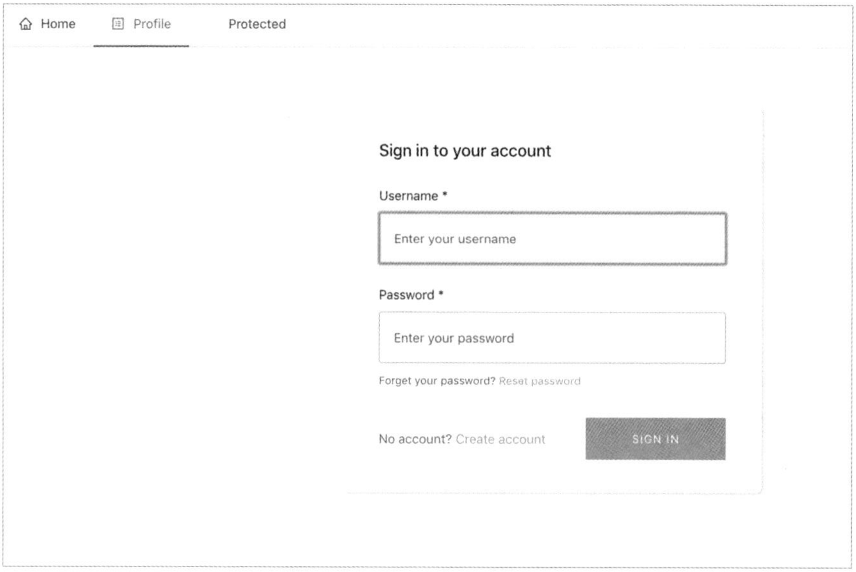

그림 4-1 라우팅과 인증

4.2 리액트 애플리케이션 생성과 Amplify 추가

먼저 리액트 애플리케이션을 생성하고, 필요한 종속성을 설치하고, Amplify 프로젝트를 생성해야 합니다.

터미널을 열고 리액트 애플리케이션을 생성하겠습니다.

```
~ npx create-react-app basic-authentication
~ cd basic-authentication
```

다음으로 AWS Amplify, AWS Amplify React, React Router, Ant Design 라이브러리를 설치하겠습니다.

```
~ npm install aws-amplify @aws-amplify/ui-react antd react-router-dom
```

라이브러리 설치가 완료되면 Amplify 프로젝트를 생성하겠습니다.

```
~ amplify init

# 이전에 했던 예제들과 동일한 방법으로 진행합니다.
# 질문에 맞춰 프로젝트 이름, 환경 이름, 에디터를 선택합니다.
# 나머지 질문에는 기본 설정을 따르고 AWS 프로필을 선택합니다.
```

Amplify 프로젝트가 생성되었으니 인증 서비스를 만들 수 있습니다. 다음 명령어를 이용해서 인증 서비스를 추가하겠습니다.

```
~ amplify add auth

? Do you want to use the default authentication and security configuration?
  Default configuration
? How do you want users to be able to sign in? Username
? Do you want to configure advanced settings? No, I am done.
```

이제 인증 서비스가 설정되었으니 `amplify push` 명령어를 이용해서 배포하겠습니다.

```
~ amplify push

? Are you sure you want to continue? Y
```

인증 서비스가 배포되었으니 테스트를 해보겠습니다.

4.2.1 클라이언트 인증 개요

서비스가 배포되고 동작하고 있으니 Amplify를 사용해서 인증을 구현할 수 있습니다. 클라이언트에서 인증을 구현하는 방법에는 두 가지가 있습니다.

Auth 클래스

Amplify 클라이언트 라이브러리에는 사용자 관리와 관련된 모든 작업을 처리할 수 있는 30가지 이상의 메서드를 가진 `Auth` 클래스가 있습니다. 사용 가능한 몇 가지 메서드에는 `Auth.signUp`, `Auth.signIn`, `Auth.signOut`이 있습니다.

이 클래스를 사용하면 애플리케이션의 요구 사항에 맞춘 사용자 정의 인증 흐름을 만들 수 있습니다. 이렇게 하기 위해서는 스타일링과 애플리케이션 상태를 모두 직접 관리해야 합니다.

프레임워크별 인증 컴포넌트

Amplify는 리액트, 리액트 네이티브, 뷰, 앵귤러 등에서 사용할 수 있는 프레임워크별 라이브러리를 제공합니다. 이 라이브러리는 인증 관리를 위한 상위 수준의 추상화를 제공합니다. 이러한 컴포넌트는 몇 줄의 코드만으로 사용자 정의가 가능한 모든 인증 흐름을 렌더링합니다.

1장에서는 AWS Amplify React 라이브러리에서 `withAuthenticator`라는 고차 컴포넌트(HOC)를 경험했습니다. 4장에서는 라우팅과 함께 HOC를 사용하여 로그인한 사용자만 볼 수 있는 보호된 경로와 프로필 화면을 만들어보겠습니다.

4.3 애플리케이션 빌드

다음 단계는 애플리케이션의 디렉터리와 파일 구조를 만드는 것입니다.

4.3.1 파일과 디렉터리 구조 생성

`src` 디렉터리에 다음과 같은 파일을 만듭니다.

```
Container.js
Nav.js
Profile.js
Protected.js
Public.js
Router.js
```

이 파일들은 다음과 같이 사용됩니다.

Container.js

이 파일에는 다른 컴포넌트에 재사용이 가능한 스타일을 적용하는 데 사용할 컴포넌트가 포함되어 있습니다.

Nav.js

이 컴포넌트에서 내비게이션navigation을 만듭니다.

Profile.js

이 컴포넌트는 로그인한 사용자에 대한 프로필 정보를 렌더링합니다. 또한 사용자 가입과 로그인을 위한 인증 컴포넌트를 추가할 컴포넌트입니다.

Protected.js

보호된 경로를 생성하는 방법의 예로 사용될 컴포넌트입니다. 사용자가 로그인하면 이 경로를 볼 수 있습니다. 로그인하지 않은 사용자는 로그인 양식으로 리다이렉션됩니다.

Public.js

사용자의 로그인 여부와 상관없이 볼 수 있는 기본 경로입니다.

Router.js

라우터와 현재 경로 이름을 결정하는 몇 가지 로직이 있는 파일입니다.

이제 파일들이 생성되었고 코드를 작성하기 위한 모든 준비가 완료되었습니다.

4.3.2 첫 번째 컴포넌트 만들기

먼저 애플리케이션에서 사용할 가장 간단한 컴포넌트인 `Container` 컴포넌트를 만들겠습니다. 이 컴포넌트는 스타일을 재사용해서 적용할 수 있도록 다른 모든 컴포넌트를 감싸는 데 사용할 것입니다.

```
/* src/Container.js */
import React from 'react'

const Container = ({ children }) => (
  <div style={styles.container}>
    { children }
  </div>
)

const styles = {
  container: {
    margin: '0 auto',
    padding: '50px 100px'
  }
}
export default Container
```

이제 Container 컴포넌트를 사용하여 스타일을 다시 작성할 필요 없이 애플리케이션 전체에서 일관된 스타일을 적용할 수 있습니다. 다음은 Container 컴포넌트의 사용 예시입니다.

```
<Container>
  <h1>Hello World</h1>
</Container>
```

Container 컴포넌트의 하위 항목은 Container 컴포넌트에 설정된 스타일과 함께 렌더링됩니다. 이렇게 하면 한 곳에서만 스타일을 제어할 수 있습니다. 이후 스타일을 변경하려면 Container 컴포넌트만 변경하면 됩니다.

4.3.3 Public 컴포넌트

Public 컴포넌트는 단순히 경로 이름을 UI에 렌더링합니다. 사용자는 로그인 여부와 상관없이 접근할 수 있습니다. 이 컴포넌트에서는 Container 컴포넌트를 사용하여 Container 컴포넌트에 적용된 padding과 margin을 동일하게 적용합니다.

```
/* src/Public.js */
import React from 'react'
```

```
import Container from './Container'

function Public() {
  return (
    <Container>
      <h1>Public route</h1>
    </Container>
  )
}

export default Public
```

4.3.4 Nav 컴포넌트

Nav(navigation) 컴포넌트는 Ant Design 라이브러리와 React Router 라이브러리를 활용합니다. Ant Design에서 보기 좋게 디자인된 Menu 컴포넌트와 Icon 컴포넌트를 사용해서 메뉴를 만들고, React Router의 Link 컴포넌트를 이용해서 애플리케이션의 다른 부분과 연결하고 탐색할 수 있도록 하겠습니다.

또한 현재 경로의 이름을 나타내는 current가 props로 전달됩니다. current는 값으로 home, profile 또는 protected 중 하나를 갖고, 이 값은 Router 컴포넌트에서 계산되어 Nav 컴포넌트로 전달됩니다. current의 값은 Menu 컴포넌트의 selectedKeys 속성에 전달되어 내비게이션 바에서 현재 경로를 강조하기 위해 사용됩니다.

```
/* src/Nav.js */
import React from 'react'
import { Link } from 'react-router-dom'
import { Menu } from 'antd'
import { HomeOutlined, ProfileOutlined, FileProtectOutlined } from '@ant-design/
icons'

const Nav = (props) => {
  const { current } = props
  return (
    <div>
      <Menu selectedKeys={[current]} mode="horizontal">
        <Menu.Item key="home">
```

```
          <Link to="/">
            <HomeOutlined />Home
          </Link>
        </Menu.Item>
        <Menu.Item key="profile">
          <Link to="/profile">
          <ProfileOutlined />Profile
          </Link>
        </Menu.Item>
        <Menu.Item key="protected">
          <Link to="/protected">
            <FileProtectOutlined />Protected
          </Link>
        </Menu.Item>
      </Menu>
    </div>
  )
}

export default Nav
```

4.3.5 Protected 컴포넌트

`Protected` 컴포넌트는 보호된 경로로, 이 경로에 접근하려는 사용자가 로그인이 되어 있는 경우에만 화면을 볼 수 있습니다. 사용자가 로그인하지 않은 경우에는 가입하거나 로그인하기 위해 프로필 페이지로 리다이렉션됩니다.

이 컴포넌트에는 리액트의 `useEffect` Hook과 AWS Amplify의 `Auth` 클래스가 사용됩니다.

useEffect

함수 컴포넌트function component에서 부가적인 작업을 수행할 수 있는 리액트 Hook입니다. Hook의 첫 번째 인수에 정의된 함수는 컴포넌트가 렌더링될 때 호출되고, 선택적으로 리렌더링될 때마다 호출됩니다. 빈 배열을 두 번째 인수로 전달함으로써 컴포넌트가 마운트될 때 한 번만 호출되도록 할 수 있습니다. 클래스 컴포넌트class component에서 `componentDidMount`를 사용하는 것과 `useEffect`의 특성 및 사용 사례가 유사합니다.

Auth

이 AWS Amplify 클래스는 사용자의 자격 증명 관리를 처리합니다. 클래스를 사용하여 사용자 가입과 로그인, 암호 재설정까지 모든 작업을 수행할 수 있습니다. 이 컴포넌트에서는 `Auth.currentAuthenticatedUser`를 호출하여 사용자의 현재 로그인 여부를 확인하고 로그인된 사용자인 경우에는 사용자 데이터를 반환합니다.

```
/* src/Protected.js */
import React, { useEffect } from 'react'
import { Auth } from 'aws-amplify'
import Container from './Container'

function Protected(props) {
  useEffect(() => {
    Auth.currentAuthenticatedUser().catch(() => {
      props.history.push('/profile')
    })
  }, [])
  return (
    <Container>
      <h1>Protected route</h1>
    </Container>
  )
}

export default Protected
```

컴포넌트가 렌더링되면 `useEffect` Hook에서 `Auth.currentAuthenticatedUser`를 호출하여 사용자의 로그인 여부를 확인합니다. 이 API 호출에 성공하지 못하면 사용자가 로그인되어 있지 않다는 의미이므로 `props.history.push('/profile')`을 호출하여 리다이렉션합니다.

사용자가 로그인되어 있으면 아무 작업도 하지 않고 화면을 볼 수 있도록 합니다.

4.3.6 Router 컴포넌트

`Router` 컴포넌트는 애플리케이션에서 사용 가능한 컴포넌트와 경로를 정의합니다.

또한, 이 컴포넌트는 `window.location.href` 속성에 따라 현재 경로 이름을 설정합니다. 설정된 이름은 Nav 컴포넌트에 전달되어 현재 경로를 강조하는 데 사용됩니다.

React Router에서 사용할 컴포넌트는 HashRouter, Switch 및 Route입니다.

HashRouter

URL의 해시 부분(즉, window.location.hash)을 사용하여 UI를 URL과 일치되도록 유지하는 라우터입니다.

Switch

Switch는 현재 위치에 매칭되는 자식 Route 컴포넌트를 렌더링합니다. 매칭되는 Route 컴포넌트가 여러 개인 경우에는 첫 번째 자식 컴포넌트를 렌더링합니다.

Route

이 컴포넌트를 사용하여 경로(path)를 기반으로 렌더링할 컴포넌트를 정의할 수 있습니다. 렌더링할 컴포넌트는 component 속성으로 지정합니다.

```
/* src/Router.js */
import React, { useState, useEffect } from 'react'
import { HashRouter, Switch, Route } from 'react-router-dom'

import Nav from './Nav'
import Public from './Public'
import Profile from './Profile'
import Protected from './Protected'

const Router = () => {
  const [current, setCurrent] = useState('home')
  useEffect(() => {
    setRoute()
    window.addEventListener('hashchange', setRoute)
    return () =>  window.removeEventListener('hashchange', setRoute)
  }, [])
  function setRoute() {
    const location = window.location.href.split('/')
    const pathname = location[location.length-1]
    setCurrent(pathname ? pathname : 'home')
```

```
  }
  return (
    <HashRouter>
      <Nav current={current} />
      <Switch>
        <Route exact path="/" component={Public}/>
        <Route exact path="/protected" component={Protected} />
        <Route exact path="/profile" component={Profile}/>
        <Route component={Public}/>
      </Switch>
    </HashRouter>
  )
}

export default Router
```

이 컴포넌트의 useEffect Hook 안에서 setRoute를 호출하여 경로 이름을 설정합니다. 또한 경로가 변경될 때마다 setRoute를 호출하는 이벤트 리스너(event listener)를 설정합니다.

4.3.7 Profile 컴포넌트

애플리케이션을 완성하기 위해 필요한 마지막 컴포넌트는 Profile 컴포넌트입니다. 이 컴포넌트에는 다음과 같은 몇 가지 기능이 있습니다.

- 사용자가 로그인하지 않은 경우 인증 양식을 렌더링합니다.
- 로그아웃 버튼을 제공합니다.
- 사용자의 정보를 UI에 렌더링합니다.

1장과 마찬가지로 인증 흐름을 렌더링하는 withAuthenticator HOC를 사용해서 Profile 컴포넌트를 감싸서 내보냅니다. 사용자가 로그인하지 않은 경우 가입/로그인 양식이 보이고 로그인한 사용자에게는 사용자의 프로필 세부 정보가 포함된 UI가 보입니다.

사용자 로그아웃 기능에는 AmplifySignOut 컴포넌트를 사용합니다. 이 컴포넌트는 사용자를 로그아웃시키고 UI를 리렌더링하여 인증 양식을 보여줍니다.

사용자 프로필 데이터를 표시하기 위해 Auth.currentAuthenticatedUser를 사용합니다. 사용자가 로그인한 경우 세션session에 대한 정보와 사용자 프로필 데이터를 반환합니다. Profile 컴포넌트에서 사용될 사용자 정보는 사용자 이름과 전화번호, 이메일 및 사용자가 가입할 때 수집된 기타 정보들입니다.

```
/* src/Profile.js */
import React, { useState, useEffect } from 'react'
import { Auth } from 'aws-amplify'
import { withAuthenticator, AmplifySignOut } from '@aws-amplify/ui-react'
import Container from './Container'

function Profile() {
  useEffect(() => {
    checkUser()
  }, [])
  const [user, setUser] = useState({})
  async function checkUser() {
    try {
      const data = await Auth.currentUserPoolUser()
      const userInfo = { username: data.username, ...data.attributes }
      setUser(userInfo)
    } catch (err) { console.log('error: ', err) }
  }
  return (
    <Container>
      <h1>Profile</h1>
      <h2>Username: {user.username}</h2>
      <h3>Email: {user.email}</h3>
      <h4>Phone: {user.phone_number}</h4>
      <AmplifySignOut />
    </Container>
  );
}

export default withAuthenticator(Profile)
```

4.3.8 UI 컴포넌트 스타일링

내부적으로 Amplify UI 컴포넌트는 웹 컴포넌트Web Components를 이용해서 구현됩니다. 이것은 CSS 스타일링을 위해 HTML의 루트 요소를 타깃으로 삼을 수 있다는 것을 의미합니다. 애플리케이션의 UI 컴포넌트가 파란색으로 통일되도록 수정하겠습니다. 이렇게 하기 위해 index.css 아래에 다음 CSS 속성을 추가하여 사용할 색상을 정의하겠습니다.

```
/* src/index.css */

:root {
  --amplify-primary-color: #1890ff;
  --amplify-primary-tint: #1890ff;
  --amplify-primary-shade: #1890ff;
}
```

4.3.9 애플리케이션 설정

이제 애플리케이션 구축이 완료되었습니다. 마지막으로 index.js를 수정하여 Router를 가져오고 Amplify 설정을 추가하겠습니다. 또한 Ant Design 라이브러리에 필요한 CSS를 가져오겠습니다.

```
/* src/index.js */
import React from 'react'
import ReactDOM from 'react-dom'
import './index.css'
import Router from './Router'
import 'antd/dist/antd.css'

import Amplify from 'aws-amplify'
import config from './aws-exports'
Amplify.configure(config)

ReactDOM.render(<Router />, document.getElementById('root'))
```

4.3.10 애플리케이션 테스트

이제 애플리케이션을 테스트하기 위해 start 명령어를 실행하겠습니다.

```
~ npm start
```

4.4 마치며

축하합니다. 라우팅 및 보호된 경로가 포함된 인증 흐름을 구축했습니다!

4장에서는 다음 내용을 기억해야 합니다.

- 이미 설정된 인증 흐름을 이용하여 빠르게 시작하고 실행하려면 `withAuthenticator` HOC를 사용합니다.
- 인증에 대해 세세하게 제어하고 로그인한 사용자에 대한 데이터를 가져오려면 `Auth` 클래스를 사용합니다.
- Ant Design 라이브러리를 사용하면 스타일별 코드를 작성하지 않고도 미리 만들어진 디자인으로 시작할 수 있습니다.

CHAPTER 5

사용자 정의 인증 전략

4장에서는 `withAuthenticator` HOC를 사용하여 이미 설정되어 있는 인증 양식을 만들었습니다. 또한 React Router와 `Auth` 클래스를 사용하여 사용자의 로그인 상태에 따라 공용 경로와 보호된 경로를 만드는 방법에 대해서도 알아봤습니다. 5장에서는 4장의 애플리케이션을 개선해보겠습니다.

4장에서 배운 내용은 Amplify로 할 수 있는 일과 인증 및 라우팅에 관한 기초입니다. 우리는 한 걸음 더 나아가 완전한 사용자 정의 인증 흐름을 구축하여 내부적으로 동작하는 일에 대해 정확하게 이해하고, **사용자 정의 인증 양식**을 관리하는 데 필요한 로직과 상태를 알아보겠습니다. 즉 `withAuthenticator` HOC를 사용하는 대신 가입, 로그인, 비밀번호 재설정을 위한 사용자 정의 양식을 사용하도록 애플리케이션을 수정하겠습니다.

또한 각 컴포넌트의 로직을 다시 작성하는 대신 재사용이 가능한 Hook을 만들어 인증으로 보호하려는 모든 컴포넌트를 감싸겠습니다. 이를 통해 **보호된 경로**를 한 단계 더 발전시키겠습니다.

`Auth` 클래스는 매우 강력해서 대부분의 애플리케이션에서 요구하는 인증 로직의 모든 것을 처리할 수 있습니다. 5장을 통해 `Auth` 클래스와 리액트의 상태를 사용하여 사용자 정의 인증 양식을 관리하고 구축하는 방법을 익힐 수 있습니다.

5.1 protectedRoute Hook 만들기

가장 먼저 protectedRoute Hook을 생성하여 인증이 필요한 모든 경로를 보호하는 데 사용하겠습니다. 이 Hook은 로그인한 사용자의 정보를 확인하고, 사용자의 로그인 상태에 따라 다르게 동작합니다. 사용자가 로그인하지 않은 경우에는 로그인 페이지 또는 다른 지정된 경로로 리다이렉션하고, 사용자가 로그인되어 있으면 인수로 전달된 컴포넌트를 반환하고 렌더링합니다. 이 Hook을 사용하면 여러 컴포넌트에서 필요한 인증에 대한 중복된 로직을 제거할 수 있습니다.

src 디렉터리에서 protectedRoute.js라는 파일을 생성하고 다음과 같이 코드를 작성하겠습니다.

```
import React, { useEffect } from 'react'
import { Auth } from 'aws-amplify'

const protectedRoute = (Comp, route = '/profile') => (props) => {
  async function checkAuthState() {
    try {
      await Auth.currentAuthenticatedUser()
    } catch (err) {
      props.history.push(route)
    }
  }
  useEffect(() => {
    checkAuthState()
  }, [])
  return <Comp {...props} />
}

export default protectedRoute
```

이 컴포넌트는 마운트될 때 useEffect를 이용하여 사용자의 로그인 여부를 확인합니다. 사용자가 로그인되어 있으면 아무 일도 발생하지 않고 인수로 전달된 컴포넌트가 렌더링됩니다. 사용자가 로그인하지 않은 경우에는 리다이렉션합니다.

리다이렉션 경로는 두 번째 인수로 전달된 값으로 사용되며, 경로가 전달되지 않으면 기본값으로 /profile을 사용합니다. protectedRoute Hook을 다음과 같이 이용해서 모든 컴포넌트를 보호할 수 있습니다.

```
// 기본 리다이렉션 경로
export default protectedRoute(App)

// 사용자 지정 리다이렉션 경로
export default protectedRoute(App, '/about-us')
```

이제 생성된 protectedRoute Hook을 이용하여 애플리케이션을 리팩터링refactoring할 수 있습니다. Protected.js를 열고 protectedRoute Hook을 사용하여 Protected 컴포넌트를 수정하겠습니다.

```
import React from 'react'
import Container from './Container'
import protectedRoute from './protectedRoute'

function Protected() {
  return (
    <Container>
      <h1>Protected route</h1>
    </Container>
  );
}

export default protectedRoute(Protected)
```

이제 이 컴포넌트는 보호되고 인증되지 않은 사용자가 접근하는 경우 사용자를 리다이렉션합니다.

5.2 Form 컴포넌트 만들기

다음으로 Form 컴포넌트를 만들겠습니다. 이 컴포넌트는 다음 작업에 대한 로직과 UI를 포함합니다.

- 가입
- 가입 확인
- 로그인
- 비밀번호 재설정

4장에서는 이러한 로직의 대부분을 캡슐화한 withAuthenticator 컴포넌트를 사용했지만, 이제 이 기능을 처음부터 다시 작성하겠습니다. withAuthenticator 컴포넌트같이 추상화된 것들과 호환되지 않는 사용자 정의 설계 및 비즈니스 로직이 필요할 수 있기 때문에 사용자 지정 양식을 만들고 처리하는 방법을 이해하는 것은 중요합니다.

가장 먼저 src 디렉터리에 새 컴포넌트 파일들을 생성하겠습니다.

```
Button.js
Form.js
SignUp.js
ConfirmSignUp.js
SignIn.js
ForgotPassword.js
ForgotPasswordSubmit.js
```

이제 재사용 가능한 버튼을 만들어보겠습니다. Button.js 파일에 다음 코드를 작성하겠습니다.

```
import React from 'react'

export default function Button({ onClick, title }) {
  return (
    <button style={styles.button} onClick={onClick}>
      {title}
    </button>
  )
}

const styles = {
  button: {
    backgroundColor: '#006bfc',
    color: 'white',
    width: 316,
```

```
    height: 45,
    fontWeight: '600',
    fontSize: 14,
    cursor: 'pointer',
    border:'none',
    outline: 'none',
    borderRadius: 3,
    marginTop: '25px',
    boxShadow: '0px 1px 3px rgba(0, 0, 0, .3)',
  },
}
```

Button 컴포넌트는 title과 onClick을 props로 전달받는 기본 컴포넌트입니다. onClick은 버튼이 클릭되었을 때 호출되고 title은 버튼에 렌더링할 내용으로 사용됩니다.

다음으로 Form.js을 열고 다음 코드를 작성하겠습니다.

```
/* src/Form.js */
import React, { useState } from 'react'
import { Auth } from 'aws-amplify'
import SignIn from './SignIn'
import SignUp from './SignUp'
import ConfirmSignUp from './ConfirmSignUp'
import ForgotPassword from './ForgotPassword'
import ForgotPasswordSubmit from './ForgotPasswordSubmit'

const initialFormState = {
  username: '', password: '', email: '', confirmationCode: ''
}

function Form(props) {
  const [formType, updateFormType] = useState('signIn')
  const [formState, updateFormState] = useState(initialFormState)
  function renderForm() {}
  return (
    <div>
      {renderForm()}
    </div>
  )
}
```

여기에서는 곧 작성할 개별 양식 컴포넌트를 가져오고 **양식 상태**(formState)를 만들었습니다. 양식 상태에서 유지할 항목은 username, password, email, confirmationCode 같은 인증 흐름을 위한 입력 필드입니다.

formType은 렌더링할 양식의 타입을 관리합니다. 렌더링할 양식 컴포넌트들이 모두 하나의 경로에 나타나기 때문에 현재 formType 상태를 확인하고 등록 양식, 로그인 양식, 비밀번호 재설정 양식을 렌더링해야 합니다.

updateFormType은 서로 다른 양식 타입을 전환하는 함수입니다. 예를 들어 사용자가 성공적으로 가입하면 로그인할 수 있도록 updateFormType('signIn')을 호출하여 SignIn 컴포넌트를 렌더링합니다.

지금은 아무 작업도 수행하지 않는 renderForm 함수에는 나중에 사용자 정의 로직을 작성합니다.

다음으로 Form.js에 스타일을 추가하겠습니다. 스타일은 컴포넌트 간에 공유되어 사용되므로 컴포넌트와 스타일을 내보내겠습니다.

```
const styles = {
  container: {
    display: 'flex',
    flexDirection: 'column',
    marginTop: 150,
    justifyContent: 'center',
    alignItems: 'center'
  },
  input: {
    height: 45,
    marginTop: 8,
    width: 300,
    maxWidth: 300,
    padding: '0px 8px',
    fontSize: 16,
    outline: 'none',
    border: 'none',
    borderBottom: '2px solid rgba(0, 0, 0, .3)'
  },
  toggleForm: {
    fontWeight: '600',
```

```
      padding: '0px 25px',
      marginTop: '15px',
      marginBottom: 0,
      textAlign: 'center',
      color: 'rgba(0, 0, 0, 0.6)'
    },
    resetPassword: {
      marginTop: '5px',
    },
    anchor: {
      color: '#006bfc',
      cursor: 'pointer'
    }
  }

export { styles, Form as default }
```

다음으로 개별 양식 컴포넌트를 만들어보겠습니다.

5.2.1 SignIn 컴포넌트

SignIn 컴포넌트는 로그인 양식을 렌더링합니다. 이 컴포넌트는 양식 상태(formState)를 업데이트하는 updateFormState 함수와 [Sign In] 클릭 시 호출할 signIn 함수를 props로 전달받습니다.

```
/* src/SignIn.js */
import React from 'react'
import Button from './Button'
import { styles } from './Form'

function SignIn({ signIn, updateFormState }) {
  return (
    <div style={styles.container}>
      <input
        name='username'
        onChange={e => {e.persist();updateFormState(e)}}
        style={styles.input}
        placeholder='username'
      />
```

```
        <input
          type='password'
          name='password'
          onChange={e => {e.persist();updateFormState(e)}}
          style={styles.input}
          placeholder='password'
        />
        <Button onClick={signIn} title="Sign In" />
      </div>
    )
}

export default SignIn
```

5.2.2 SignUp 컴포넌트

SignUp 컴포넌트는 가입 양식을 렌더링합니다. 이 컴포넌트는 양식 상태(formState)를 업데이트하는 updateFormState 함수와 [Sign Up] 클릭 시 호출할 signUp 함수를 props로 전달받습니다.

```
/* src/SignUp.js */
import React from 'react'
import Button from './Button'
import { styles } from './Form'

function SignUp({ updateFormState, signUp }) {
  return (
    <div style={styles.container}>
      <input
        name='username'
        onChange={e => {e.persist();updateFormState(e)}}
        style={styles.input}
        placeholder='username'
      />
      <input
        type='password'
        name='password'
        onChange={e => {e.persist();updateFormState(e)}}
        style={styles.input}
```

```
        placeholder='password'
      />
      <input
        name='email'
        onChange={e => {e.persist();updateFormState(e)}}
        style={styles.input}
        placeholder='email'
      />
      <Button onClick={signUp} title="Sign Up" />
    </div>
  )
}

export default SignUp
```

5.2.3 ConfirmSignUp 컴포넌트

사용자가 가입하면 MFA 확인 코드를 전달받습니다. ConfirmSignUp 컴포넌트는 MFA 코드를 처리하고 제출하는 양식을 포함하고 있습니다.

이 컴포넌트는 양식 상태(formState)를 업데이트하는 updateFormState 함수와 [Confirm Sign Up] 클릭 시 호출할 confirmSignUp 함수를 props로 전달받습니다.

```
/* src/ConfirmSignUp.js */
import React from 'react'
import Button from './Button'
import { styles } from './Form'

function ConfirmSignUp(props) {
  return (
    <div style={styles.container}>
      <input
        name='confirmationCode'
        placeholder='Confirmation Code'
        onChange={e => {e.persist();props.updateFormState(e)}}
        style={styles.input}
      />
      <Button onClick={props.confirmSignUp} title="Confirm Sign Up" />
    </div>
```

```
  )
}

export default ConfirmSignUp
```

다음 두 가지 양식은 잊어버린 비밀번호의 재설정을 처리하기 위한 것입니다. 첫 번째 양식인 ForgotPassword 컴포넌트는 사용자의 이름을 입력받고 확인 코드를 전송합니다. 사용자는 두 번째 양식인 ForgotPasswordSubmit 컴포넌트에서 전달받은 확인 코드를 사용하여 비밀번호를 재설정할 수 있습니다.

5.2.4 ForgotPassword 컴포넌트

ForgotPassword 컴포넌트는 양식 상태(formState)를 업데이트하는 updateFormState 함수와 [Reset password] 클릭 시 호출할 forgotPassword 함수를 props로 전달받습니다.

```
/* src/ForgotPassword.js */
import React from 'react'
import Button from './Button'
import { styles } from './Form'

function ForgotPassword(props) {
  return (
    <div style={styles.container}>
      <input
        name='username'
        placeholder='Username'
        onChange={e => {e.persist();props.updateFormState(e)}}
        style={styles.input}
      />
      <Button onClick={props.forgotPassword} title="Reset password" />
    </div>
  )
}

export default ForgotPassword
```

5.2.5 ForgotPasswordSubmit 컴포넌트

ForgotPasswordSubmit 컴포넌트는 양식 상태(formState)를 업데이트하는 updateFormState 함수와 [Save new password] 클릭 시 호출할 forgotPasswordSubmit 함수를 props로 전달받습니다.

```
/* src/ForgotPasswordSubmit.js */
import React from 'react'
import Button from './Button'
import { styles } from './Form'

function ForgotPasswordSubmit(props) {
  return (
    <div style={styles.container}>
      <input
        name='confirmationCode'
        placeholder='Confirmation code'
        onChange={e => {e.persist();props.updateFormState(e)}}
        style={styles.input}
      />
      <input
        name='password'
        placeholder='New password'
        type='password'
        onChange={e => {e.persist();props.updateFormState(e)}}
        style={styles.input}
      />
      <Button onClick={props.forgotPasswordSubmit} title="Save new password" />
    </div>
  )
}

export default ForgotPasswordSubmit
```

5.2.6 Form.js 완성하기

이제 모든 개별 양식 컴포넌트가 생성되었으니, 이 컴포넌트들을 이용해서 Form.js를 수정하겠습니다.

다음으로 Form.js를 열고 인증 서비스와 통신할 함수들을 만들어보겠습니다. signIn, signUp, confirmSignUp, forgotPassword 및 forgotPasswordSubmit 함수는 각 컴포넌트의 props에 전달됩니다.

src/Form.js의 마지막 import 아래에 다음 코드를 추가하겠습니다.

```
/* src/Form.js */
async function signIn({ username, password }, setUser) {
  try {
    const user = await Auth.signIn(username, password)
    const userInfo = { username: user.username, ...user.attributes }
    setUser(userInfo)
  } catch (err) {
    console.log('error signing in..', err)
  }
}

async function signUp({ username, password, email }, updateFormType) {
  try {
    await Auth.signUp({
      username, password, attributes: { email }
    })
    console.log('sign up success!')
    updateFormType('confirmSignUp')
  } catch (err) {
    console.log('error signing up..', err)
  }
}

async function confirmSignUp({ username, confirmationCode }, updateFormType) {
  try {
    await Auth.confirmSignUp(username, confirmationCode)
    updateFormType('signIn')
  } catch (err) {
    console.log('error signing up..', err)
  }
}

async function forgotPassword({ username }, updateFormType) {
  try {
    await Auth.forgotPassword(username)
    updateFormType('forgotPasswordSubmit')
```

```
  } catch (err) {
    console.log('error submitting username to reset password...', err)
  }
}

async function forgotPasswordSubmit(
    { username, confirmationCode, password }, updateFormType
  ) {
  try {
    await Auth.forgotPasswordSubmit(username, confirmationCode, password)
    updateFormType('signIn')
  } catch (err) {
    console.log('error updating password... :', err)
  }
}
```

signUp, confirmSignUp, forgotPassword, forgotPasswordSubmit 함수는 모두 동일하게 양식 상태(formState) 객체와 updateFormType을 인수로 받고 updateFormType을 사용하여 나타나는 양식의 타입을 업데이트합니다.

signIn 함수는 setUser 함수를 사용한다는 것이 다른 함수와의 차이점입니다. 이 setUser 함수는 Profile 컴포넌트에서 Form 컴포넌트의 props로 전달됩니다(5.2.10절 참고). setUser 함수는 사용자의 로그인 성공 여부에 따라 양식을 감추거나 보여주기 위해 Profile 컴포넌트를 리렌더링합니다.

4장에서는 Profile 컴포넌트에서 양식을 렌더링하기 위해 withAuthenticator 컴포넌트를 사용했기 때문에 각 상황에 적절한 UI를 직접 렌더링할 필요가 없었습니다. 이제 자체 양식 상태를 처리하므로 사용자의 인증 여부에 따라 Profile 컴포넌트나 Form 컴포넌트의 렌더링을 결정해야 합니다.

이러한 함수에서 AWS Amplify의 Auth 클래스에 있는 메서드들을 사용한다는 것을 알 수 있습니다. 이러한 메서드들은 우리가 만든 함수 이름과 일치하므로 각 함수가 수행하는 작업을 정확하게 알 수 있습니다.

5.2.7 updateForm 헬퍼 함수

다음으로 양식 상태를 업데이트하는 **헬퍼 함수**helper function를 생성하겠습니다. Form.js에 만들었던 initialFormState 변수는 다음과 같습니다.

```
const initialFormState = {
  username: '', password: '', email: '', confirmationCode: ''
}
```

이 변수는 각 양식에서 사용할 값을 갖고 있습니다.

그다음 useState Hook을 사용해서 initialFormState를 초깃값으로 하는 양식 상태(formState)와 상태를 업데이트하는 함수(updateFormState)를 만들었습니다.

```
const [formState, updateFormState] = useState(initialFormState)
```

현재 문제는 양식 상태를 업데이트하기 위해 initialFormState와 동일한 형태의 새 객체를 updateFormState에 전달해야 한다는 것입니다. 그러나 핸들러는 입력 중인 단일 타깃 이벤트만 제공합니다. 어떻게 이 입력 이벤트를 상태에 대한 새 객체로 변환할 수 있을까요? 이를 위해 Form 함수 안에서 사용할 헬퍼 함수를 만들겠습니다.

Form.js에서 useState 아래 다음 코드를 추가하겠습니다.

```
function updateForm(event) {
  const newFormState = {
    ...formState, [event.target.name]: event.target.value
  }
  updateFormState(newFormState)
}
```

updateForm 함수는 기존 상태와 이벤트에서 들어오는 새 값을 사용해서 새 상태 객체(newFormState)를 만들고, 이를 이용해서 updateFormState를 호출합니다. 이제 모든 컴포넌트에서 이 함수를 재사용할 수 있습니다.

5.2.8 renderForm 함수

이제 양식 컴포넌트, 양식 상태 설정, 인증 함수가 모두 준비되었으니 현재 양식을 렌더링하는 renderForm 함수를 작성하겠습니다. Form.js에서 renderForm 함수를 다음과 같이 수정하겠습니다.

```
function renderForm() {
  switch(formType) {
    case 'signUp':
      return (
        <SignUp
          signUp={() => signUp(formState, updateFormType)}
          updateFormState={e => updateForm(e)}
        />
      )
    case 'confirmSignUp':
      return (
        <ConfirmSignUp
          confirmSignUp={() => confirmSignUp(formState, updateFormType)}
          updateFormState={e => updateForm(e)}
        />
      )
    case 'signIn':
      return (
        <SignIn
          signIn={() => signIn(formState, props.setUser)}
          updateFormState={e => updateForm(e)}
        />
      )
    case 'forgotPassword':
      return (
        <ForgotPassword
          forgotPassword={() => forgotPassword(formState, updateFormType)}
          updateFormState={e => updateForm(e)}
        />
      )
    case 'forgotPasswordSubmit':
      return (
        <ForgotPasswordSubmit
          forgotPasswordSubmit={() => forgotPasswordSubmit(formState,
            updateFormType)}
          updateFormState={e => updateForm(e)}
        />
```

```
      )
    default:
      return null
  }
}
```

renderForm 함수는 현재 양식 타입인 formType을 확인하고 적절한 양식을 렌더링합니다. formType이 변경되면 renderForm이 호출되고 formType에 따라 알맞은 양식을 다시 렌더링합니다.

5.2.9 양식 타입 전환

Form 컴포넌트에서 마지막으로 할 일은 사용자가 서로 다른 양식을 수동으로 전환할 수 있도록 버튼을 렌더링하는 것입니다. 세 가지 주요 양식은 signIn, signUp 및 forgotPassword입니다.

src/Form.js에서 Form 함수의 return 부분을 수정하여 사용자가 양식 타입을 전환할 수 있는 버튼을 추가하겠습니다.

```
return (
  <div>
    {renderForm()}
    {
      formType === 'signUp' && (
        <p style={styles.toggleForm}>
          Already have an account? <span
            style={styles.anchor}
            onClick={() => updateFormType('signIn')}
          >Sign In</span>
        </p>
      )
    }
    {
      formType === 'signIn' && (
        <>
          <p style={styles.toggleForm}>
            Need an account? <span
              style={styles.anchor}
```

```
          onClick={() => updateFormType('signUp')}
        >Sign Up</span>
      </p>
      <p style={{ ...styles.toggleForm, ...styles.resetPassword}}>
        Forget your password? <span
          style={styles.anchor}
          onClick={() => updateFormType('forgotPassword')}
        >Reset Password</span>
      </p>
    </>
  )
  }
  </div>
)
```

이제 Form 컴포넌트는 현재 양식 타입에 따라 다른 버튼이 렌더링되고 사용자가 로그인, 가입, 비밀번호 재설정 양식을 수동으로 전환할 수 있게 되었습니다.

5.2.10 Profile 컴포넌트 수정

이제 새 Form 컴포넌트를 사용하려면 Profile 컴포넌트를 업데이트해야 합니다. 주요 변경 사항은 현재 로그인한 사용자의 존재 여부에 따라 Form 컴포넌트 또는 사용자 프로필 정보를 렌더링하는 것입니다.

Amplify에는 Hub라는 로컬 이벤트 시스템이 있습니다. Amplify는 사용자 로그인 같은 인증 이벤트 또는 파일 다운로드 알림같이 특정 이벤트가 발생할 때 서로 통신하기 위해 Hub를 사용합니다.

이 컴포넌트에서는 signOut 인증 이벤트를 감지하기 위해 Hub 리스너를 설정하여 이벤트에 따라 사용자를 상태에서 제거하고 Profile 컴포넌트 대신 인증 양식이 보이도록 리렌더링할 수 있습니다.

src/Profile.js를 다음과 같이 수정하겠습니다.

```
import React, { useState, useEffect } from 'react'
import { Button } from 'antd'
import { Auth, Hub } from 'aws-amplify'
```

```
import Container from './Container'
import Form from './Form'

function Profile() {
  useEffect(() => {
    checkUser()
    Hub.listen('auth', (data) => {
      const { payload } = data
      if (payload.event === 'signOut') {
        setUser(null)
      }
    })
  }, [])
  const [user, setUser] = useState(null)
  async function checkUser() {
    try {
      const data = await Auth.currentUserPoolUser()
      const userInfo = { username: data.username, ...data.attributes, }
      setUser(userInfo)
    } catch (err) { console.log('error: ', err) }
  }
  function signOut() {
    Auth.signOut()
      .catch(err => console.log('error signing out: ', err))
  }
  if (user) {
    return (
      <Container>
        <h1>Profile</h1>
        <h2>Username: {user.username}</h2>
        <h3>Email: {user.email}</h3>
        <h4>Phone: {user.phone_number}</h4>
        <Button onClick={signOut}>Sign Out</Button>
      </Container>
    );
  }
  return <Form setUser={setUser} />
}

export default Profile
```

이 컴포넌트에는 사용자의 존재 여부를 확인하고, 사용자가 있으면 사용자의 프로필 정보를 반환합니다. 사용자가 없는 경우에는 인증 양식인 `Form` 컴포넌트를 반환하고, `Form` 컴포넌트의

props로 setUser를 전달합니다. 전달된 setUser를 이용하면 사용자가 로그인했을 때 상태를 업데이트해서 컴포넌트를 리렌더링하고 사용자의 프로필 정보를 보여줄 수 있습니다.

5.2.11 애플리케이션 테스트

start 명령어를 이용하여 애플리케이션을 시작하고 테스트하겠습니다.

```
~ npm start
```

5.3 마치며

축하합니다. 완전한 사용자 정의 인증 흐름을 구축했습니다!

5장에서 기억해야 하는 것들은 다음과 같습니다.

- Auth 클래스를 사용해서 Amazon Cognito 인증 서비스로 직접 API를 호출할 수 있습니다.
- 사용자 정의 양식의 상태를 처리하는 것은 간단하지 않을 수 있습니다. 인증 흐름을 직접 구축하는 것과 withAuthenticator HOC 같은 것들을 이용하는 방법 각각의 장단점을 이해하도록 노력해야 합니다.
- 인증은 복잡합니다. Amazon Cognito와 같은 관리형 자격 증명 서비스를 사용해서 백엔드 코드와 로직을 모두 추상화했습니다. 인증 API와의 상호작용과 로컬 상태를 관리하는 방법만 알고 이해하면 됩니다.

CHAPTER 6

서버리스 함수 심화 1

2장에서는 API Gateway와 AWS Lambda를 사용하여 서버리스 API를 생성하고 통신하는 방법을 배웠습니다. 6장에서는 두 가지 새로운 타입의 함수를 만들어 서버리스 함수를 사용하는 방법에 대해 알아보겠습니다. 이 함수는 웹 서버나 API를 사용하는 대신 다른 AWS 서비스와 통신하여 애플리케이션 개발 프로세스를 지원하는 데 사용할 수 있다는 차이가 있습니다.

6장에서는 다음 두 가지 종류의 함수를 만들어보겠습니다.

이메일 주소 기반으로 사용자를 그룹에 동적으로 추가하는 함수

일부 애플리케이션에서는 **대략적인**coarse-grained 접근 제어를 해야 합니다. 이는 일반적으로 역할의 타입이나 연관된 그룹에 따라 사용자에게 특정 권한을 부여하는 것을 의미입니다. 6장에서 진행하는 예제에는 관리자 그룹을 식별하는 이메일 주소가 있습니다. 사용자가 관리자 그룹에 해당하는 이메일 주소를 사용해서 가입하면 해당 사용자를 `Admin` 그룹에 추가합니다.

이미지가 Amazon S3에 업로드된 후 크기를 자동으로 조정하는 함수

많은 애플리케이션은 사용자가 이미지를 업로드한 후 서버에서 동적으로 이미지 크기를 조정해야 합니다. 이 작업은 이미지를 압축해서 웹 애플리케이션의 성능을 더 향상시켜야 할 필요성이 있고, 아바타avatar나 이미지의 크기가 더 작은 섬네일thumbnail 이미지를 동적으로 만들어야 하는 등 다양한 이유로 수행됩니다.

7장에서는 데이터베이스와 상호작용하는 전자 상거래e-commerce 애플리케이션을 만들어보며 서버리스 함수에 대해 계속 알아보겠습니다. 또한 사용자가 데이터베이스에서 항목을 추가, 조회, 수정, 삭제할 수 있도록 API를 통해 함수를 호출하겠습니다.

6.1 이벤트 소스와 데이터 구조

2장에서 이벤트 기반 아키텍처의 일부로 서버리스 함수를 위한 이벤트 소스를 간략히 설명했습니다. 지금까지 구현한 유일한 이벤트 소스는 API Gateway였습니다. 이는 함수를 트리거하고 API에서 데이터를 가져와 응답으로 반환하는 HTTP 요청이었습니다. 6장에서는 Amazon S3와 Amazon Cognito의 이벤트를 알아보겠습니다.

이벤트 데이터의 구조가 이벤트 타입에 따라 다르다는 것은 이벤트 소스에서 Lambda로 들어오는 이벤트를 이해하는 데 중요합니다. 예를 들어 API Gateway에서 오는 HTTP 이벤트 데이터 구조는 Amazon S3 이벤트 데이터 구조와 다릅니다. 마찬가지로 Amazon S3 이벤트 데이터 구조는 Amazon Cognito 데이터 구조와 다릅니다.

이벤트 데이터의 구조를 이해하고 이벤트에서 사용 가능한 데이터를 알면 Lambda 함수에서 수행할 수 있는 작업을 이해하는 데 도움이 됩니다. 이를 더 잘 이해하기 위해 다양한 이벤트의 데이터 구조를 살펴보겠습니다. 지금은 이러한 데이터 구조의 모든 필드와 값을 이해할 필요가 없습니다. 다음 예제에서 중요한 것들을 간략히 설명하겠습니다.

6.1.1 API Gateway 이벤트

API Gateway 이벤트 데이터는 `GET`, `PUT`, `POST`, `DELETE` 같은 API Gateway HTTP 이벤트에서 Lambda 함수가 호출될 때 전달되는 데이터 구조입니다. 이 데이터 구조에는 함수를 호출한 HTTP 메서드, 호출된 경로, 함께 전달된 바디 및 API를 호출하는 사용자의 자격 증명(`requestContext.identity` 필드 내부) 같은 정보가 포함됩니다.

```
{
    "resource": "/items",
```

```
    "path": "/items",
    "httpMethod": "GET",
    "headers": { /* header info */ },
    "multiValueHeaders": { /* multi value header info */ },
    "queryStringParameters": null,
    "multiValueQueryStringParameters": null,
    "pathParameters": null,
    "stageVariables": null,
    "requestContext": {
        "resourceId": "b16tgj",
        "resourcePath": "/items",
        "httpMethod": "GET",
        "extendedRequestId": "CzuJMEDMoAMF_MQ=",
        "requestTime": "07/Nov/2019:21:46:09 +0000",
        "path": "/dev/items",
        "accountId": "557458351015",
        "protocol": "HTTP/1.1",
        "stage": "dev",
        "domainPrefix": "eq4ttnl94k",
        "requestTimeEpoch": 1573163169162,
        "requestId": "1ac70afe-d366-4a52-9329-5fcbcc3809d8",
        "identity": {
          "cognitoIdentityPoolId": "",
          "accountId": "",
          "cognitoIdentityId": "",
          "caller": "",
          "apiKey": "",
          "sourceIp": "192.168.100.1",
          "cognitoAuthenticationType": "",
          "cognitoAuthenticationProvider": "",
          "userArn": "",
          "userAgent": "Mozilla/5.0 (Macintosh; Intel Mac OS X 10_11_6)
          AppleWebKit/537.36 (KHTML, like Gecko) Chrome/52.0.2743.82
          Safari/537.36 OPR/39.0.2256.48",
          "user": ""
        },
        "domainName": "eq4ttnl94k.execute-api.us-east-1.amazonaws.com",
        "apiId": "eq4ttnl94k"
    },
    "body": null,
    "isBase64Encoded": false
}
```

6.1.2 Amazon S3 이벤트

Amazon S3 이벤트는 Amazon S3에 파일이 업로드 또는 업데이트되어 Lambda 함수가 호출될 때 수신되는 데이터 구조입니다. 이 데이터 구조는 S3의 레코드 배열을 갖고 있습니다. 일반적으로 이 이벤트 데이터에서 작업할 주요 정보는 s3 필드입니다. 이 속성은 버킷bucket 이름, 키 및 저장되는 항목의 크기 같은 정보를 갖고 있습니다.

```
{
  "Records": [
    {
      "eventVersion": "2.1",
      "eventSource": "aws:s3",
      "awsRegion": "us-east-2",
      "eventTime": "2019-09-03T19:37:27.192Z",
      "eventName": "ObjectCreated:Put",
      "userIdentity": {
        "principalId": "AWS:AIDAINPONIXQXHT3IKHL2"
      },
      "requestParameters": {
        "sourceIPAddress": "205.255.255.255"
      },
      "responseElements": {
        "x-amz-request-id": "D82B88E5F771F645",
        "x-amz-id-2": "vlR7PnpV2Ce81l0PRw6jlUpck7Jo5ZsQjryTjKlc5aLWGVHPZLj
                       5NeC6qMa0emYBDXOo6QBU0Wo="
      },
      "s3": {
        "s3SchemaVersion": "1.0",
        "configurationId": "828aa6fc-f7b5-4305-8584-487c791949c1",
        "bucket": {
          "name": "lambda-artifacts-deafc19498e3f2df",
          "ownerIdentity": {
            "principalId": "A3I5XTEXAMAI3E"
          },
          "arn": "arn:aws:s3:::lambda-artifacts-deafc19498e3f2df"
        },
        "object": {
          "key": "b21b84d653bb07b05b1e6b33684dc11b",
          "size": 1305107,
          "eTag": "b21b84d653bb07b05b1e6b33684dc11b",
          "sequencer": "0C0F6F405D6ED209E1"
        }
```

```
        }
      }
    ]
  }
```

6.1.3 Amazon Cognito 이벤트

Amazon Cognito 이벤트 데이터는 Amazon Cognito 작업이 호출될 때 함수로 전달되는 데이터 구조입니다. 이러한 작업은 사용자 가입, 사용자 계정 확인 또는 사용자 로그인 같은 사용 가능한 이벤트 중에서 무엇이든 될 수 있습니다.

```
{
    "version": "1",
    "region": "us-east-1",
    "userPoolId": "us-east-1_uVWAMpQuY",
    "userName": "dabit3",
    "callerContext": {
        "awsSdkVersion": "aws-sdk-unknown-unknown",
        "clientId": "2ects9inqraapp43ejve80pv12"
    },
    "triggerSource": "PostConfirmation_ConfirmSignUp",
    "request": {
        "userAttributes": {
            "sub": "164961f8-13f7-40ed-a8ca-d441d8ec4724",
            "cognito:user_status": "CONFIRMED",
            "email_verified": "true",
            "phone_number_verified": "false",
            "phone_number": "+16018127241",
            "email": "dabit3@gmail.com"
        }
    },
    "response": {}
}
```

이러한 이벤트와 이벤트에 포함된 정보를 사용하여 함수에서 다양한 타입의 작업을 수행할 수 있습니다.

6.2 IAM 권한 및 트리거 설정

CLI를 사용하여 트리거를 설정할 때 내부적으로 다음과 같은 상황이 발생합니다.

- CLI는 Lambda 설정에서 트리거를 자체적으로 활성화합니다. 트리거를 활성화하면 API 이벤트 혹은 S3 업로드 등의 상호작용이 발생할 때마다 이벤트가 함수로 전송됩니다.
- CLI는 다른 서비스와 상호작용할 수 있도록 함수에 추가 권한을 부여합니다. 예를 들어 S3 트리거를 활성화하면 Lambda 함수에서 해당 버킷에 이미지를 읽고 저장할 수 있게 됩니다.

이를 활성화하기 위해 CLI는 내부적으로 함수에 IAM 정책을 추가합니다. 이를 통해 S3 읽기 혹은 쓰기 같은 작업 권한이나 Cognito 사용자 풀과 상호작용할 수 있는 권한을 부여합니다.

6.3 기본 프로젝트 생성

가장 먼저 새로운 리액트 애플리케이션을 만들고 6장에서 필요한 종속성을 설치하겠습니다.

```
~ npx create-react-app lambda-trigger-example
~ cd lambda-trigger-example
~ npm install aws-amplify @aws-amplify/ui-react uuid
```

다음으로 Amplify 프로젝트를 생성하겠습니다.

```
~ amplify init
# 이전 프로젝트에서 했던 것처럼 단계를 진행합니다.
```

이제 프로젝트가 생성되었으니 서비스를 추가할 수 있습니다. 6장에서 필요한 서비스는 Amazon Cognito, Amazon S3, AWS Lambda입니다. Amazon Cognito를 추가하고 Post Confirmation Lambda Trigger[1]를 테스트해보겠습니다.

1 옮긴이_ https://docs.aws.amazon.com/cognito/latest/developerguide/user-pool-lambda-post-confirmation.html

6.4 Post Confirmation Lambda Trigger 추가

인증 서비스를 만들고 Post Confirmation Lambda Trigger를 설정해보겠습니다. 이를 통해 누군가 인증 서비스를 이용하여 성공적으로 가입할 때마다 Lambda 함수가 호출되도록 하겠습니다. 이 Post Confirmation Lambda Trigger는 사용자당 한 번만 실행됩니다.

```
~ amplify add auth

? Do you want to use the default authentication and security configuration?
  Default configuration
? How do you want users to be able to sign in? Username
? Do you want to configure advanced settings? Yes, I want to make some
  additional changes.
? What attributes are required for signing up? Email
? Do you want to enable any of the following capabilities? Add User to Group
? Enter the name of the group to which users will be added. Admin
? Do you want to edit your add-to-group function now? Y
```

이제 다음 코드를 이용하여 함수를 수정하겠습니다.

```
// amplify/backend/function/<함수 이름>/src/add-to-group.js

const aws = require('aws-sdk');

exports.handler = async (event, context, callback) => {
  const cognitoProvider = new aws.CognitoIdentityServiceProvider({
    apiVersion: '2016-04-18'
  });

  let isAdmin = false
  const adminEmails = ['dabit3@gmail.com']

  // 사용자가 관리자 중 한 명이라면 isAdmin 변수를 true로 설정합니다.
  if (adminEmails.indexOf(event.request.userAttributes.email) !== -1) {
    isAdmin = true
  }

  const groupParams = {
    UserPoolId: event.userPoolId,
  }
```

```
  const userParams = {
    UserPoolId: event.userPoolId,
    Username: event.userName,
  }

  if (isAdmin) {
    groupParams.GroupName = 'Admin',
    userParams.GroupName = 'Admin'

    // 그룹이 있는지 확인하고, 없으면 그룹을 생성합니다.
    try {
      await cognitoProvider.getGroup(groupParams).promise();
    } catch (e) {
      await cognitoProvider.createGroup(groupParams).promise();
    }

    // 사용자가 관리자라면 Amdin 그룹에 추가합니다.
    try {
      await cognitoProvider.adminAddUserToGroup(userParams).promise();
      callback(null, event);
    } catch (e) {
      callback(e);
    }
  } else {
    // 사용자가 어느 그룹에도 속하지 않으면 아무 작업도 하지 않습니다.
    callback(null, event)
  }
}
```

이 함수에는 한 가지 중요한 기능이 있습니다. 그 기능은 사용자가 `adminEmails` 배열에 지정된 관리자 중 하나인 경우 Admin이라는 그룹에 자동으로 배치되는 기능입니다. 여러분이 테스트하는 이메일 주소가 포함되도록 `adminEmails` 배열을 변경하세요.

이제 push 명령어를 이용해서 서비스를 배포하겠습니다.

```
~ amplify push
```

백엔드가 설정되었으니 이제 테스트해볼 수 있습니다. 테스트를 위해서 리액트 프로젝트가 Amplify를 인식하도록 설정해야 합니다. `src/index.js`를 열고 마지막 `import` 아래에 다음 코드를 추가하겠습니다.

```
import Amplify from 'aws-amplify'
import config from './aws-exports'
Amplify.configure(config)
```

그다음 새 사용자를 등록하고 사용자가 관리자인 경우 인사말을 보여주도록 src/App.js를 다음과 같이 수정하겠습니다.

```
import React, { useEffect, useState } from 'react'
import { Auth } from 'aws-amplify'
import { withAuthenticator, AmplifySignOut } from '@aws-amplify/ui-react'
import './App.css'

function App() {
  const [user, updateUser] = useState(null)
  useEffect(() => {
    Auth.currentAuthenticatedUser()
      .then(user => updateUser(user))
      .catch(err => console.log(err))
  }, [])
  let isAdmin = false
  if (user) {
    const { signInUserSession: { idToken: { payload }} }  = user
    console.log('payload: ', payload)
    if (
      payload['cognito:groups'] &&
    payload['cognito:groups'].includes('Admin')
    ) {
      isAdmin = true
    }
  }
  return (
    <div className="App">
      <header>
      <h1>Hello World</h1>
      { isAdmin && <p>Welcome, Admin</p> }
      </header>
      <AmplifySignOut />
    </div>
  );
}

export default withAuthenticator(App)
```

수정이 완료되면 애플리케이션을 실행하겠습니다.

```
~ npm start
```

이제 새로운 사용자 가입을 진행해보겠습니다. 성공적으로 가입된 사용자가 관리자라면 로그인 후 화면에 `Welcome, Admin`이라는 인사말이 나타납니다.

다음 명령을 실행하여 Amazon Cognito 인증 서비스와 모든 사용자 및 그룹을 확인할 수 있습니다.

```
~ amplify console auth

? Which console: User Pool
```

명령어를 통해 브라우저에서 열리는 화면의 왼쪽 메뉴에서 [Users and Groups]을 클릭하면 확인이 가능합니다.

6.5 AWS Lambda와 Amazon S3를 이용한 동적 이미지 크기 조정

이번에는 사용자가 Amazon S3에 이미지를 업로드할 수 있는 기능을 만들겠습니다. 또한 파일이 버킷에 업로드될 때마다 Lambda 함수가 호출되도록 S3 트리거를 설정하겠습니다. Lambda 함수에서는 이미지의 크기를 확인하고 특정 너비보다 큰 경우 너비의 크기를 조정하겠습니다.

이미지 크기 조정 작업을 수행하려면 프로젝트에서 파일이 업로드될 때 Lambda 함수가 트리거 되도록 S3를 설정해야 합니다. S3 버킷을 생성하고 올바른 설정을 선택하기만 하면 Amplify CLI를 이용해서 작업을 수행할 수 있습니다. CLI에서 다음 명령어를 실행하겠습니다.

```
~ amplify add storage

? Please select from one of the below mentioned services: Content
? Please provide a friendly name for your resource that will be used to label
  this category in the project: <리소스 이름>
```

```
? Please provide bucket name: <버킷 이름>
? Who should have access: Auth and guest users
? What kind of access do you want for Authenticated users? 전체 선택 (create/
  update, read, delete)
? What kind of access do you want for Guest users? 전체 선택 (create/update,
  read, delete)
? Do you want to add a Lambda Trigger for your S3 Bucket? Y
? Select from the following options: Create a new function
? Do you want to edit the local <함수 이름> lambda function now? Y
```

마지막 선택지에서 Y를 입력하면 에디터에서 함수가 열립니다.

6.5.1 이미지 크기 조정을 위한 사용자 정의 로직 추가

이제 함수를 수정해서 이미지 크기를 조정하는 기능을 구현하겠습니다.

함수에서는 이벤트가 발생하면 S3에서 이미지를 가져와 너비가 1,000픽셀보다 큰지 확인합니다. 만약 1,000픽셀보다 크다면 너비를 1,000픽셀로 조정한 다음 다시 S3 버킷에 저장합니다. 이미지의 너비가 1,000픽셀 이하인 경우에는 함수를 종료합니다.

```
// amplify/backend/function/<함수 이름>/src/index.js

// sharp 라이브러리 가져오기
const sharp = require('sharp')
const aws = require('aws-sdk')
const s3 = new aws.S3()

exports.handler = async function (event, context) { //eslint-disable-line
  // 이벤트 타입이 삭제인 경우 함수를 종료합니다.
  if (event.Records[0].eventName === 'ObjectRemoved:Delete') return

  // 이벤트에서 버킷 이름과 키를 가져옵니다.
  const BUCKET = event.Records[0].s3.bucket.name
  const KEY = event.Records[0].s3.object.key
  try {
    // S3에서 이미지 데이터를 가져옵니다.
    let image = await s3.getObject({ Bucket: BUCKET, Key: KEY }).promise()
    image = await sharp(image.Body)

    // 너비와 높이를 포함한 이미지 메타데이터를 가져옵니다.
```

```
    const metadata = await image.metadata()
    if (metadata.width > 1000) {
      // 너비가 1000보다 크면 이지지의 크기를 조정합니다.
      const resizedImage = await image.resize({ width: 1000 }).toBuffer()
      await s3.putObject({
        Bucket: BUCKET,
        Body: resizedImage,
        Key: KEY
      }).promise()
      return
    } else {
      return
    }
  }
  catch(err) {
    context.fail(`Error getting files: ${err}`);
  }
};
```

함수가 동작하기 위해서는 추가적인 작업이 필요합니다. Lambda 함수에 Sharp 라이브러리가 필요하지만, 아직 설치하지 않았습니다. 함수의 `package.json` 파일을 수정하여 종속성을 추가하고 Sharp 라이브러리가 Lambda 환경에서 정상적으로 동작하도록 설치 스크립트를 추가하겠습니다.[2]

```
// amplify/backend/function/<함수 이름>/src/package.json
{
  "name": "<함수 이름>",
  "version": "2.0.0",
  "description": "Lambda function generated by Amplify",
  "main": "index.js",
  "license": "Apache-2.0",
  "scripts": {
    "install": "npm install --arch=x64 --platform=linux sharp"
  },
  "dependencies": {
    "sharp": "^0.25.4"
  }
}
```

2 옮긴이_ 원서에는 Sharp 라이브러리의 0.23.2 버전을 사용하고 있지만, 배포 과정에서 오류가 발생합니다. 0.25.4 버전 혹은 그 이상(번역 시점의 최신 버전은 0.28.1)을 사용하면 해당 오류를 해결할 수 있습니다.

이제 서비스를 배포할 준비가 되었습니다.

```
~ amplify push
```

6.5.2 리액트 애플리케이션에서 이미지 업로드

다음으로 src/App.js를 열고 아래 코드와 같이 수정하여 이미지 리스트와 이미지 선택 버튼을 렌더링하겠습니다.

```
import React, { useState, useEffect} from 'react'
import { Storage } from 'aws-amplify'
import { v4 as uuid } from 'uuid'
import './App.css'

function App() {
  const [images, setImages] = useState([])
  useEffect(() => {
    fetchImages()
  }, [])
  async function onChange(e) {
    // 파일이 업로드되면 고유한 이름을 생성하고 Storage API를 사용하여 저장합니다.
    const file = e.target.files[0]
    const filetype = file.name.split('.')[file.name.split.length - 1]
    await Storage.put(`${uuid()}.${filetype}`, file)
    // 파일이 업로드되면 이미지 리스트를 가져옵니다.
    fetchImages()
  }
  async function fetchImages() {
    // S3 버킷에서 이미지 키 리스트를 가져옵니다.
    const files = await Storage.list('')
    // 키가 있으면 이미지가 보여지도록 인증(signed)되어야 합니다.
    const signedFiles = await Promise.all(files.map(async file => {
      /* 이미지가 인증되려면 이미지 키 배열을 통해
        각 이미지에 대한 인증된 URL(signed URL)을 가져와야 합니다. */
      const signedFile = await Storage.get(file.key)
      return signedFile
    }))
    setImages(signedFiles)
  }
```

```
  return (
    <div className="App">
      <header className="App-header">
        <input
          type="file"
          onChange={onChange}
        />
        {
          images.map(image => (
            <img
              src={image}
              key={image}
              style={{ width: 500 }}
            />
          ))
        }
      </header>
    </div>
  );
}

export default App
```

이제 애플리케이션을 실행합니다.

```
~ npm start
```

너비가 1,000픽셀보다 큰 이미지를 업로드하면 처음에는 원본 사이즈로 나타나지만, 애플리케이션을 새로고침하면 이미지의 크기가 1,000픽셀로 조정되었음을 알 수 있습니다.

6.6 마치며

축하합니다. 두 가지 타입의 Lambda 트리거를 성공적으로 구현했습니다!

6장에서는 다음 사항을 기억해야 합니다.

- Lambda 함수는 API 호출, 이미지 업로드, 데이터베이스 작업 및 인증 이벤트를 포함한 다양한 이벤트 타입에서 호출될 수 있습니다.
- 이벤트 데이터 구조는 이벤트의 타입에 따라 차이가 있습니다.
- 이벤트 변수에서 사용할 수 있는 데이터를 이해하면 함수에서 수행할 수 있는 작업을 더 잘 판단할 수 있습니다.
- Amplify CLI를 사용하여 Lambda 트리거를 활성화하면 함수에 추가적인 IAM 권한이 부여되어 다른 서비스와 직접 상호작용할 수 있습니다.

CHAPTER 7

서버리스 함수 심화 2

지금까지 Lambda 함수를 사용해서 할 수 있는 많은 기능에 대해 다뤘습니다. 7장에서는 애플리케이션을 구축할 때 유용하게 사용할 수 있는 공통 기능을 구현하기 위해 Lambda 함수를 다양하게 사용하는 방법을 알아보겠습니다. 이를 이용해서 API, 인증, 데이터베이스 및 권한 부여 규칙을 갖춘 완전한 기능의 백엔드를 만들고 애플리케이션에 통합하는 방법에 대해 알아보겠습니다.

Amplify를 이용하여 API를 생성할 때 그래프QL 또는 REST를 선택할 수 있습니다. 그래프QL은 8장에서 다루고, 7장에서는 REST를 이용해서 진행하겠습니다. 우리가 사용할 데이터베이스는 NoSQL 데이터베이스인 Amazon DynamoDB입니다.

API Gateway 엔드포인트를 통해 라우팅되는 HTTP 요청에서 Lambda 함수를 호출하겠습니다. Lambda 함수는 HTTP 요청을 받고 익스프레스 웹 서버를 실행해서 다른 경로로 다시 라우팅합니다. 이를 통해 하나의 함수에서 `post` 또는 `delete` 같은 다양한 HTTP 메서드를 활용하여 데이터베이스에서 다양한 작업을 수행할 수 있습니다.

7.1 구축할 애플리케이션

사용자는 제품을 볼 수 있고 관리자는 제품을 생성하고 삭제할 수 있는 기본 전자 상거래 애플리케이션을 구축해보겠습니다. 이 애플리케이션의 구성 요소는 거의 모든 유형의

CRUD+L(create, read, update, delete 그리고 list)을 구축하기 위한 기초가 되고, 실제로 많은 프로젝트에서 활용됩니다.

2장과 6장에서 익힌 것들을 이용해서 애플리케이션을 구축하겠습니다. 애플리케이션을 구축하기 위해 다음과 같은 기능과 서비스가 필요합니다.

Lambda 함수

애플리케이션의 주요 로직은 익스프레스 서버를 실행할 Lambda 함수에 있습니다. 서버는 `get`, `post` 및 `delete` 같은 다양한 HTTP 메서드에 대한 경로를 가집니다.

API

API 및 데이터베이스와 상호작용하기 위해 `get`, `post` 및 `delete` HTTP 요청을 통해 Lambda 함수를 호출해야 합니다.

DynamoDB NoSQL 데이터베이스

애플리케이션에 대한 모든 데이터를 저장하는 데이터베이스입니다.

인증

관리자 접근을 설정하고 활성화하기 위해 사용자를 인증하는 방법이 필요합니다.

다른 Lambda 함수

관리자를 `Admin` 그룹에 배치하려면 Lambda 트리거가 필요합니다. 따라서 인증 흐름과 관련된 다른 Lambda 함수(Post Confirmation Lambda Trigger)가 필요합니다.

4장처럼 다른 경로에 접근하기 위해 클라이언트 애플리케이션에 내비게이션을 구현해야 합니다. 사용자가 로그인하면 사용자의 권한에 따라 애플리케이션의 상태를 설정하기 위해 사용자의 그룹에 접근합니다. 그런 다음 사용자의 권한에 따라 관리자용 내비게이션과 항목을 삭제하는 버튼의 렌더링 여부가 결정됩니다.

또한 수행하려는 작업에 대한 권한이 사용자에게 있는지 확인하는 권한 확인 장치가 서버에도 있습니다.

7.2 시작하기

가장 먼저 리액트 애플리케이션을 만들고 필요한 종속성을 설치하겠습니다.

```
~ npx create-react-app ecommerceapp

~ cd ecommerceapp

~ npm install aws-amplify @aws-amplify/ui-react react-router-dom antd
```

다음으로 새로운 Amplify 프로젝트를 생성하고 애플리케이션에 필요한 서비스를 추가하기 시작하겠습니다.

```
~ amplify init

# 이전 프로젝트에서 했던 것처럼 단계를 진행합니다.
```

7.3 인증 및 그룹 권한 추가

가장 먼저 인증 서비스를 만들어보겠습니다. 또한 Admin 그룹에 사용자를 추가하기 위한 Lambda 트리거를 생성하겠습니다.

```
~ amplify add auth

? Do you want to use the default authentication and security configuration?
  Default configuration
? How do you want users to be able to sign in? Username
? Do you want to configure advanced settings? Yes, I want to make some
  additional changes.
? What attributes are required for signing up? Email
? Do you want to enable any of the following capabilities? Add User to Group
? Enter the name of the group to which users will be added. Admin
? Do you want to edit your add-to-group function now? Y
```

마지막에 Y를 입력하면 에디터에서 열리는 add-to-group.js 파일을 다음과 같이 수정하고

adminEmails 배열에 관리자 이메일 주소를 입력하겠습니다.

```
// amplify/backend/function/<함수 이름>/src/add-to-group.js
const aws = require('aws-sdk')

exports.handler = async (event, context, callback) => {
  const cognitoProvider = new aws.CognitoIdentityServiceProvider({
    apiVersion: '2016-04-18'
  });

  let isAdmin = false
  // 관리자로 지정하려는 사용자의 이메일이 포함되도록 배열을 수정합니다.
  const adminEmails = ['dabit3@gmail.com']

  // 사용자가 관리자 중 한 명이라면 isAdmin 변수를 true로 설정합니다.
  if (adminEmails.indexOf(event.request.userAttributes.email) !== -1) {
    isAdmin = true
  }

  if (isAdmin) {
    const groupParams = {
      UserPoolId: event.userPoolId,
      GroupName: 'Admin'
    }
    const userParams = {
      UserPoolId: event.userPoolId,
      Username: event.userName,
      GroupName: 'Admin'
    }

    // 그룹이 있는지 확인하고, 그룹이 없으면 생성합니다.
    try {
      await cognitoProvider.getGroup(groupParams).promise()
    } catch (e) {
      await cognitoProvider.createGroup(groupParams).promise()
    }
    // 사용자가 관리자이므로 Admin 그룹에 추가합니다.
    try {
      await cognitoProvider.adminAddUserToGroup(userParams).promise()
      callback(null, event)
    } catch (e) { callback(e) }
  } else {
    // 사용자가 관리자가 아니면, 아무 작업도 하지 않습니다.
```

```
    callback(null, event)
  }
}
```

이 함수에서는 관리자의 이메일을 갖고 있는 `adminEmails` 배열을 확인해서 `isAdmin` 변수를 설정합니다. 사용자가 관리자라면 그룹의 존재 여부를 확인하고, 아직 그룹이 생성되지 않았으면 그룹을 생성합니다.

그다음 `cognitoProvider.adminAddUserToGroup`을 호출하여 사용자를 그룹에 추가합니다.

7.4 데이터베이스 추가

다음으로 프로젝트에 DynamoDB NoSQL 데이터베이스를 생성하겠습니다.

```
~ amplify add storage

? Please select from one of the below mentioned services: NoSQL Database
? Please provide a friendly name for your resource that will be used to label
  this category in the project: producttable
? Please provide table name: producttable
? What would you like to name this column: id
? Please choose the data type: string
? Would you like to add another column? N
? Please choose partition key for the table: id
? Do you want to add a sort key to your table? N
? Do you want to add global secondary indexes to your table? N
? Do you want to add a Lambda Trigger for your Table? N
```

DynamoDB를 사용할 때 개별 항목을 식별하기 위해 고유한 **기본 키**primary key 또는 기본 키와 **정렬 키**sort key의 고유한 조합이 있어야 합니다. 생성된 데이터베이스에는 항목의 고유 식별자가 될 기본 키로 `id`가 있습니다.

또한 테이블에는 **글로벌 보조 인덱스**global secondary index(GSI)를 생성하는 옵션이 있습니다. 이를 통해 테이블을 조회하고 추가적인 데이터 액세스 패턴을 활성화하는 데 사용할 수 있는 인덱스를 추가할 수 있습니다. 일반적으로 DynamoDB 및 NoSQL 데이터베이스의 가장 강력한 기능 중 하나는 다양한 액세스 패턴을 지원하는 다른 인덱스(DynamoDB의 경우 최대 20개의 GSI)를 보유한다는 것입니다. 이번 예제에서는 보조 인덱스를 활용하지 않을 예정입니다. 하지만 인덱스가 어떻게 동작하는지 알아두면 DynamoDB의 성능과 유연성을 극대화하는 방법에 대한 지식을 넓힐 수 있습니다.

7.5 API 추가

이제 데이터베이스가 생성되었으니 API 및 데이터베이스와 통신할 다른 Lambda 함수를 생성하겠습니다.

```
~ amplify add api

? Please select from one of the below mentioned services: REST
? Provide a friendly name for your resource to be used as a label for this
  category in the project: ecommerceapi
? Provide a path: /products
? Choose a Lambda source: Create a new Lambda function
? Provide the AWS Lambda function name: ecommercefunction
? Choose the function runtime that you want to use: NodeJS
? Choose the function template that you want to use: Serverless ExpressJS
  function (Integration with Amazon API Gateway)
? Do you want to configure advanced settings? Y
? Do you want to access other resources in this project from your Lambda
  function? Y
? Select the categories you want this function to have access to.: auth, storage
? Select the operations you want to permit on <APP_ID>: 전체 선택 (create, read,
  update, delete)
? Select the operations you want to permit on producttable: 전체 선택 (create,
  read, update, delete)
```

전체 선택하고 진행하면 터미널에 'You can access the following resourece attributes as environment variables from your Lambda function'라는 메시지와 함께 몇 개의 변수가 주어집니다. 그중 AUTH_<APP_ID>_USERPOOLID 변수는 이후 코드를 수정할 때 사용됩니다.

계속해서 각 단계에 다음과 같이 답변하겠습니다.

```
? Do you want to invoke this function on a recurring schedule? N
? Do you want to configure Lambda layers for this function? N
? Do you want to edit the local Lambda function now? N
? Restrict API access: Y
? Who should have access? Authenticated and Guest users
? What kind of access do you want for Authenticated users? 전체 선택 (create,
  read, update, delete)
? What kind of access do you want for Guest users? read
? Do you want to add another path? N
```

이제 API Gateway 엔드포인트와 Lambda 함수를 생성하고 API Gateway 이벤트에서 트리거할 함수를 구현했습니다. API에 대한 기본 권한 규칙을 설정해서 사용자의 인증 여부에 따라 API 접근을 제한했습니다. 또한 작업할 수 있는 경로인 `/products`도 설정했습니다.

Lambda 함수는 CLI가 만든 보일러플레이트의 일부로 익스프레스 서버를 포함하고 있습니다. 익스프레스는 웹 및 모바일 애플리케이션을 개발할 수 있는 다양한 내장 기능을 제공하는 Node.js 웹 프레임워크입니다. 7장에서는 API Gateway에서 생성한 엔드포인트에 매핑되는 라우팅을 더 쉽게 제공하는 데 사용합니다. 이제 `get`, `put`, `post` 및 `delete` 함수를 `/products` 엔드포인트에서 호출할 수 있습니다.

엔드포인트를 추가하려면 `amplify update api`를 실행한 다음 새로 생성된 엔드포인트를 익스프레스 서버 코드에 직접 추가하여 API를 수정할 수 있습니다.

다음으로 익스프레스 서버를 실행하는 Lambda 함수의 코드를 수정해서 데이터베이스와의 상호작용을 처리하겠습니다. `amplify/backend/function/ecommercefunction/src/app.js` 파일을 열고 아래 코드를 마지막 `require` 아래에 추가하겠습니다.

```
const AWS = require('aws-sdk')
const { v4: uuid } = require('uuid')

/* Cognito SDK */
const cognito = new AWS.CognitoIdentityServiceProvider({
  apiVersion: '2016-04-18'
})

// amplify add api 과정에서 출력되는 변수를 이용합니다.
var userpoolId = process.env.<your_app_id>
```

```
// DynamoDB 설정
const region = process.env.REGION
const ddb_table_name = process.env.STORAGE_PRODUCTTABLE_NAME
const docClient = new AWS.DynamoDB.DocumentClient({ region })
```

다음으로 API 호출에 대한 사용자의 권한을 확인할 수 있는 두 가지 함수를 만들겠습니다. 나중에 다른 그룹에 대해서도 허용할 가능성을 열어 두지만, 지금은 Admin 그룹의 사용자만 특정 작업을 수행하도록 하겠습니다.

이를 위해 getGroupsForUser와 canPerformAction 함수를 생성하겠습니다.

getGroupsForUser

이 함수를 통해 API 호출에서 들어오는 이벤트를 전달하여 호출하는 사용자가 현재 속해있는 그룹을 확인할 수 있습니다.

canPerformAction

우선 사용자의 인증 여부를 확인하고 인증되지 않은 경우 요청을 거부합니다. 그다음 두 번째 인수로 전달된 그룹에 사용자가 포함되어 있는지 확인합니다. 사용자가 그룹에 포함되어 있다면 작업을 수행하고, 그렇지 않으면 작업을 수행하지 않습니다.

다음과 같이 함수를 추가하겠습니다.

```
// amplify/backend/function/ecommercefunction/src/app.js
async function getGroupsForUser(event) {
  let userSub = event.requestContext
    .identity
    .cognitoAuthenticationProvider
    .split(':CognitoSignIn:')[1]
  let userParams = {
    UserPoolId: userpoolId,
    Filter: `sub = "${userSub}"`,
  }
  let userData = await cognito.listUsers(userParams).promise()
  const user = userData.Users[0]
  var groupParams = {
    UserPoolId: userpoolId,
```

```
      Username: user.Username
    }
    const groupData = await cognito.adminListGroupsForUser(groupParams).promise()
    return groupData
  }

  async function canPerformAction(event, group) {
    return new Promise(async (resolve, reject) => {
      if (!event.requestContext.identity.cognitoAuthenticationProvider) {
        return reject()
      }
      const groupData = await getGroupsForUser(event)
      const groupsForUser = groupData.Groups.map(group => group.GroupName)
      if (groupsForUser.includes(group)) {
        resolve()
      } else {
        reject('user not in group, cannot perform action..')
      }
    })
  }
```

다음으로 데이터베이스와 상호작용하기 위해 get, post 및 delete HTTP 메서드에 해당하는 함수를 수정하겠습니다.

먼저 app.get을 다음과 같이 수정하겠습니다.

```
// amplify/backend/function/ecommercefunction/src/app.js
app.get('/products', async function(req, res) {
  try {
    const data = await getItems()
    res.json({ data: data })
  } catch (err) {
    res.json({ error: err })
  }
})

async function getItems(){
  var params = { TableName: ddb_table_name }
  try {
    const data = await docClient.scan(params).promise()
    return data
  } catch (err) {
```

```
      return err
    }
  }
```

app.get은 검색 작업(docClient.scan)을 사용하여 DynamoDB 테이블에서 항목을 가져오는 getItems라는 함수를 호출합니다. 검색 작업이 성공하면 getItems 함수에서 얻은 항목을 반환합니다. 작업이 실패하면 오류 메시지를 반환합니다.

다음으로 app.post를 수정해서 DynamoDB에서 새 항목을 생성하는 방법을 알아보겠습니다.

```
// amplify/backend/function/ecommercefunction/src/app.js
app.post('/products', async function(req, res) {
  const { body } = req
  const { event } = req.apiGateway
  try {
    await canPerformAction(event, 'Admin')
    const input = { ...body, id: uuid() }
    var params = {
      TableName: ddb_table_name,
      Item: input
    }
    await docClient.put(params).promise()
    res.json({ success: 'item saved to database..' })
  } catch (err) {
    res.json({ error: err })
  }
});
```

app.post는 app.get과는 약간 차이가 있습니다. req 객체를 이용하여 이벤트에서 body를 가져오고 req.apiGateway 객체에서 이벤트 데이터(event)를 가져옵니다.

canPerformAction을 호출하여 요청한 사용자가 관리자인지 확인합니다. 관리자라면 body 객체를 사용해서 input 객체를 만들고 객체에 고유한 ID를 추가합니다.

그다음 테이블 이름과 함께 input 객체를 포함하는 새로운 params 객체를 만듭니다. 마지막으로 DynamoDB Document Client(docClient.put)를 이용해서 새 항목을 생성합니다.

다음으로 app.delete를 수정해서 항목을 삭제하는 방법에 대해 알아보겠습니다.

```
// amplify/backend/function/ecommercefunction/src/app.js
app.delete('/products', async function(req, res) {

const { event } = req.apiGateway
  try {
    await canPerformAction(event, 'Admin')
    var params = {
      TableName : ddb_table_name,
      Key: { id: req.body.id }
    }
    await docClient.delete(params).promise()
    res.json({ success: 'successfully deleted item' })
  } catch (err) {
    res.json({ error: err })
  }
});
```

app.delete는 app.post와 마찬가지로 관리자만 작업을 수행할 수 있어야 합니다. 이를 위해 먼저 canPerformAction을 호출하여 사용자가 관리자가 맞는지 확인합니다. 그다음 DynamoDB Document Client(docClient.delete)를 호출해서 함수에 함께 전달된 기본키(id)에 해당하는 항목을 삭제합니다.

마지막으로 함수에서 uuid를 사용했기 때문에 package.json 파일에 종속성을 추가해야 합니다. amplify/backend/function/ecommercefunction/src/package.json 파일을 열고 dependencies의 마지막에 UUID를 다음과 같이 추가하겠습니다.[1]

```
{
  ...
  "dependencies": {
    "aws-serverless-express": "^3.3.5",
    "body-parser": "^1.17.1",
    "express": "^4.15.2",
    "uuid": "^8.0.0"
  },
  ...
}
```

1 옮긴이_ 실습하는 시기에 따라 aws-serverless-express, body-parser, express의 버전은 차이가 있을 수 있습니다.

이제 백엔드 설정이 완료되었으니 AWS에 배포하겠습니다.

```
~ amplify push
```

7.6 프런트엔드 만들기

프런트엔드에서 가장 먼저 해야 하는 작업은 작업에 필요한 파일을 생성하는 것입니다.

Admin.js
: 새 항목을 생성하기 위한 관리자 대시보드를 갖고 있습니다.

Container.js
: 재사용이 가능한 레이아웃 컴포넌트입니다.

Main.js
: API 및 데이터베이스에서 가져온 항목을 나열하는 기본 화면이 있습니다.

Nav.js
: 내비게이션 컴포넌트가 있습니다.

Profile.js
: 사용자가 로그아웃할 수 있는 기본 프로필 컴포넌트입니다.

Router.js
: 라우터가 포함되어 있습니다.

checkUser.js
: 사용자 프로필을 조회하고 사용자가 관리자인지 확인하는 기능이 있습니다.

다음으로 src 디렉터리로 이동해서 컴포넌트들을 생성하겠습니다.

```
~ cd src
~ touch Admin.js Container.js Main.js Nav.js Profile.js Router.js checkUser.js
~ cd ..
```

그다음 src/index.js를 열고 다음과 같이 수정하여 Router 컴포넌트, Amplify 라이브러리 및 CSS를 위한 Ant Design을 가져오겠습니다.

```
import React from 'react'
import ReactDOM from 'react-dom'
import Router from './Router'

import 'antd/dist/antd.css'
import Amplify from 'aws-amplify'
import config from './aws-exports'
Amplify.configure(config)

ReactDOM.render(<Router />, document.getElementById('root'))
```

7.6.1 Container 컴포넌트

Container 컴포넌트는 컴포넌트가 일관되게 고정된 너비를 갖고 중앙에 정렬되도록 스타일을 지정합니다.

```
import React from 'react'

export default function Container({ children }) {
  return (
    <div style={containerStyle}>
      {children}
    </div>
  )
}

const containerStyle = {
  width: 900,
```

```
  margin: '0 auto',
  padding: '20px 0px'
}
```

7.6.2 checkUser 함수

이 함수는 현재 사용자의 정보를 확인하고 updateUser 콜백callback 함수를 호출하여 사용자를 업데이트합니다. 사용자가 없으면 빈 객체를 반환합니다.

사용자가 있는 경우 사용자가 속해있는 Cognito 그룹이 있는지 확인합니다. 소속된 그룹이 있다면 해당 그룹이 Admin 그룹인지 확인합니다. Admin 그룹에 속한 사용자라면 isAuthorized를 true로 설정하고, 그렇지 않으면 false로 설정합니다.

```
/* src/checkUser.js */
import { Auth } from 'aws-amplify'

async function checkUser(updateUser) {
  const userData = await Auth
    .currentSession()
    .catch(err => console.log('error: ', err))
  if (!userData) {
    console.log('userData: ', userData)
    updateUser({})
    return
  }
  const { idToken: { payload }} = userData
  const isAuthorized =
    payload['cognito:groups'] && payload['cognito:groups'].includes('Admin')
  updateUser({
    username: payload['cognito:username'],
    isAuthorized
  })
}

export default checkUser
```

7.6.3 Nav 컴포넌트

Nav 컴포넌트는 기본 링크(Home 및 Profile)와 관리자로 로그인한 경우에만 표시되는 관리 링크를 갖고 있습니다.

```
/* src/Nav.js */
import React, { useState, useEffect } from 'react'
import { Link } from 'react-router-dom'
import { Menu } from 'antd'
import { HomeOutlined, UserOutlined, ProfileOutlined } from '@ant-design/icons'
import { Hub } from 'aws-amplify'
import checkUser from './checkUser'

const Nav = (props) => {
  const { current } = props
  const [user, updateUser] = useState({})
  useEffect(() => {
    checkUser(updateUser)
    Hub.listen('auth', (data) => {
      const { payload: { event } } = data
      console.log('event: ', event)
      if (event === 'signIn' || event === 'signOut') checkUser(updateUser)
    })
  }, [])

  return (
    <div>
      <Menu selectedKeys={[current]} mode="horizontal">
        <Menu.Item key='home'>
          <Link to='/'>
            <HomeOutlined />Home
          </Link>
        </Menu.Item>
        <Menu.Item key='profile'>
          <Link to='/profile'>
            <UserOutlined />Profile
          </Link>
        </Menu.Item>
        {
          user.isAuthorized && (
            <Menu.Item key='admin'>
              <Link to='/admin'>
                <ProfileOutlined />Admin
```

```
          </Link>
        </Menu.Item>
      )
    }
  </Menu>
  </div>
)
}

export default Nav
```

이 컴포넌트에서는 useEffect Hook을 사용하여 컴포넌트가 렌더링될 때 checkUser 함수를 호출합니다. 이를 통해 로그인한 사용자가 있는 경우 사용자 정보로 컴포넌트의 상태를 설정합니다.

또한 Hub를 사용하여 가입, 로그인 및 로그아웃 같은 인증 이벤트를 수신하는 리스너를 설정했습니다. 이를 통해 사용자가 로그인하거나 로그아웃할 때 checkUser 함수를 호출해서 컴포넌트의 상태를 최신 상태로 유지합니다.

마지막으로 관리자 링크는 사용자가 관리자로 인증된 경우에만 렌더링이 되도록 작성했습니다.

7.6.4 Profile 컴포넌트

Profile 컴포넌트는 매우 기본적인 컴포넌트입니다. 사용자가 로그인하면 컴포넌트와 로그아웃 버튼을 렌더링합니다. withAuthenticator 컴포넌트를 이용해서 로그인하지 않은 사용자가 접근하는 경우 가입과 로그인 화면을 렌더링합니다.

```
/* src/Profile.js */
import React from 'react'
import './App.css'

import { withAuthenticator, AmplifySignOut } from '@aws-amplify/ui-react'

function Profile() {
  return (
    <div style={containerStyle}>
      <AmplifySignOut />
    </div>
```

```
  );
}

const containerStyle = {
  width: 400,
  margin: '20px auto'
}

export default withAuthenticator(Profile)
```

7.6.5 Router 컴포넌트

이 컴포넌트는 Main(/), Admin(/admin) 및 Profile(/profile) 경로를 설정합니다.

먼저 useEffect Hook에서 setRoute 함수를 호출합니다. 이 함수는 현재 화면의 위치를 가져오고 경로 정보를 Nav 컴포넌트로 전달할 수 있도록 설정합니다. 또한 경로가 변경될 때(hashchange), setRoute를 호출하여 현재 경로 정보가 Nav 컴포넌트로 전달되도록 설정하겠습니다.

```
/* src/Router.js */
import React, { useState, useEffect } from 'react'
import { HashRouter, Route, Switch } from 'react-router-dom'

import Nav from './Nav'
import Admin from './Admin'
import Main from './Main'
import Profile from './Profile'

export default function Router() {
  const [current, setCurrent] = useState('home')
  useEffect(() => {
    setRoute()
    window.addEventListener('hashchange', setRoute)
    return () =>  window.removeEventListener('hashchange', setRoute)
  }, [])
  function setRoute() {
    const location = window.location.href.split('/')
    const pathname = location[location.length-1]
    console.log('pathname: ', pathname)
```

```
    setCurrent(pathname ? pathname : 'home')
  }
  return (
    <HashRouter>
      <Nav current={current} />
      <Switch>
        <Route exact path='/' component={Main} />
        <Route path='/admin' component={Admin} />
        <Route path='/profile' component={Profile} />
        <Route component={Main} />
      </Switch>
    </HashRouter>
  )
}
```

7.6.6 Admin 컴포넌트

Admin 컴포넌트에는 새 항목을 생성할 수 있는 양식이 있습니다.

```
/* src/Admin.js */
import React, { useState } from 'react'
import './App.css'
import { Input, Button } from 'antd'

import { API } from 'aws-amplify'
import { withAuthenticator } from '@aws-amplify/ui-react'

const initialState = {
  name: '', price: ''
}

function Admin() {
  const [itemInfo, updateItemInfo] = useState(initialState)
  function updateForm(e) {
    const formData = {
      ...itemInfo, [e.target.name]: e.target.value
    }
    updateItemInfo(formData)
  }
  async function addItem() {
```

```
    try {
      const data = {
        body: { ...itemInfo, price: parseInt(itemInfo.price) }
      }
      updateItemInfo(initialState)
      await API.post('ecommerceapi', '/products', data)
    } catch (err) {
      console.log('error adding item...')
    }
  }
  return (
    <div style={containerStyle}>
      <Input
        name='name'
        onChange={updateForm}
        value={itemInfo.name}
        placeholder='Item name'
        style={inputStyle}
      />
      <Input
        name='price'
        onChange={updateForm}
        value={itemInfo.price}
        style={inputStyle}
        placeholder='item price'
      />
      <Button
        style={buttonStyle}
        onClick={addItem}
      >Add Product</Button>
    </div>
  )
}

const containerStyle = { width: 400, margin: '20px auto' }
const inputStyle = { marginTop: 10 }
const buttonStyle = { marginTop: 10 }

export default withAuthenticator(Admin)
```

Admin 컴포넌트에서의 주요 기능은 addItem 함수입니다.

addItem 함수는 API 클래스를 사용하여 ecommerceapi라는 이름으로 만든 REST API와 상호작용합니다. API 클래스를 사용하면 API 이름과 경로(/products)를 사용하여 get, put, post 및 delete 같은 요청을 할 수 있습니다.

Admin 컴포넌트에서는 전송하려는 데이터를 body에 포함해서 객체로 생성하고 API.post 호출을 통해 전달합니다.

```
// 요청과 함께 전달할 객체 생성
const data = {
  body: { ...itemInfo, price: parseInt(itemInfo.price) }
}
// 초기 상태로 로컬 상태를 수정하여 양식을 초기화
updateItemInfo(initialState)
// API.post 호출
await API.post('ecommerceapi', '/products', data)
```

7.6.7 Main 컴포넌트

마지막 컴포넌트는 항목을 렌더링하는 Main 컴포넌트입니다.

이 컴포넌트에는 두 가지 주요 함수로 getProducts와 deleteItem가 있습니다.

getProducts

1. API.get을 호출합니다. 데이터가 반환되면 API에서 반환된 데이터로 state의 products 배열을 업데이트합니다.

deleteItem

1. 삭제할 항목의 id를 이용해서 삭제할 항목을 제외한 products 배열을 생성합니다.
2. 생성된 products 배열은 로컬 상태를 업데이트하는 데 사용되며, 화면에서는 optimistic response를 적용해서 삭제할 항목을 즉시 제외하고 렌더링합니다.
3. 삭제할 항목의 id를 전달하며 delete 요청(API.del)을 전송합니다.

```
/* src/Main.js */
import React, { useState, useEffect } from 'react'
import Container from './Container'
```

```
import { API } from 'aws-amplify'
import { List } from 'antd'
import checkUser from './checkUser'

function Main() {
  const [state, setState] = useState({ products: [], loading: true })
  const [user, updateUser] = useState({})
  let didCancel = false
  useEffect(() => {
    getProducts()
    checkUser(updateUser)
    return () => didCancel = true
  }, [])

  async function getProducts() {
    const data = await API.get('ecommerceapi', '/products')
    console.log('data: ', data)
    if (didCancel) return
    setState({
      products: data.data.Items, loading: false
    })
  }
  async function deleteItem(id) {
    try {
      const products = state.products.filter(p => p.id !== id)
      setState({ ...state, products })
      await API.del('ecommerceapi', '/products', { body: { id } })
      console.log('successfully deleted item')
    } catch (err) {
      console.log('error: ', err)
    }
  }

  return (
    <Container>
      <List
        itemLayout="horizontal"
        dataSource={state.products}
        loading={state.loading}
        renderItem={item => (
          <List.Item
            actions={
              user.isAuthorized
                ? [
```

```
                <p onClick={() => deleteItem(item.id)} key={item.id}>delete</p>
              ]
              : null
          }
        >
          <List.Item.Meta
            title={item.name}
            description={item.price}
          />
        </List.Item>
      )}
    />
  </Container>
 )
}

export default Main
```

7.7 애플리케이션 테스트

이제 애플리케이션을 실행하고 테스트해보겠습니다.

```
~ npm start
```

7.8 마치며

축하합니다. 이제 성공적으로 풀스택 서버리스 CRUD+L 애플리케이션을 배포했습니다.

7장에서는 다음 내용을 기억해야 합니다.

- Lambda 함수는 API 호출, 이미지 업로드, 데이터베이스 작업 및 인증 이벤트를 포함한 다양한 이벤트 타입에서 호출될 수 있습니다. 7장에서는 HTTP 이벤트와 인증 이벤트에서 Lambda 함수를 호출했습니다.
- Lambda 함수에서 익스프레스 서버를 실행하는 것은 단일 함수의 기능을 확장하는 좋은 방법입니다.
- `API` 클래스는 REST API를 사용할 때 API 이름과 경로라는 두 가지 필수 인수를 받습니다. 또한 `POST` 요청에서 사용자가 전송하기 원하는 객체가 있다면 세 번째 인수를 사용하여 전달할 수 있습니다.
- Node.js Lambda 함수에서 DynamoDB와 상호작용할 때 DynamoDB Document Client를 사용합니다. 이것은 DynamoDB 데이터베이스에서 항목을 생성, 수정, 삭제 및 조회하는 데 사용하기 쉬운 API를 제공합니다.

CHAPTER 8

AWS AppSync 심화

3장에서는 그래프QL에 대해 배우고 기본적인 그래프QL API를 만들었습니다. 8장에서는 개념을 확장하여 AWS AppSync를 활용한 음악 축제 애플리케이션을 만들어보겠습니다.

이 애플리케이션은 다음 항목이 필요합니다.

- Amazon DynamoDB는 무대(Stage)와 공연(Performance) 테이블을 생성하는 데 사용됩니다.
- 그래프QL API는 무대와 공연을 생성, 조회, 수정, 삭제 및 리스트를 나열하는 데 사용됩니다.
- 관리자만 무대 혹은 공연을 생성, 수정 및 삭제할 수 있습니다.
- 모든 사용자는 무대와 공연을 볼 수 있어야 합니다.
- 무대와 공연 테이블 사이에 관계가 형성되어야 합니다.
- 사용자는 모든 공연을 볼 수 있을 뿐만 아니라 공연의 세부 정보를 확인할 수 있어야 합니다.

8.1 그래프QL, AppSync API 및 React Router

8.1절에서는 그래프QL 타입 간의 관계를 모델링하는 방법, 그래프QL 타입 및 필드에 대한 권한 규칙을 적용하는 방법, 다양한 인증 방법으로 AppSync API를 사용하는 방법, React Router를 사용하여 경로 매개변수를 이용하는 방법에 대해 알아보겠습니다.

먼저 각 주제에 대해 간략히 설명하겠습니다. 애플리케이션을 구축하기 시작하면 이 주제들에 대해 더 자세히 알아보겠습니다.

8.1.1 그래프QL 타입 간의 관계

그래프QL API 또는 어떤 API를 생성할 때 데이터 간의 관계를 모델링하는 것은 매우 중요합니다. 예를 들어 8장에서 만들 애플리케이션은 다음 두 가지 타입이 있습니다.

Stage

이 타입은 개별 공연에 대한 무대 정보로 무대의 이름과 ID 등을 갖고 있습니다. 각 무대에는 무대와 관련된 여러 공연이 있습니다.

Performance

이 타입은 공연하는 사람, 설명, 공연하는 무대 및 공연 시간을 포함한 개별 공연 정보를 갖고 있습니다.

이런 유형의 API에서는 다음과 같은 액세스 패턴을 사용하는 것이 가장 좋습니다.

- 무대와 무대에 대한 공연을 조회
- 모든 무대와 각 무대에 대한 공연을 조회
- 공연과 해당 공연에 관련된 무대의 정보를 조회
- 모든 공연과 각 공연에 해당되는 무대의 정보를 조회

이제 문제는 '어떻게 하면 이런 다양한 관계와 액세스 패턴을 적용할 수 있을까?'와 '어떻게 하면 DynamoDB 같은 NoSQL 데이터베이스를 사용해서 이 작업들을 수행할 수 있을까?'입니다. 이를 해결하기 위한 두 가지 방법이 있습니다.

- 기본 키, 정렬 키 및 로컬 보조 인덱스의 조합을 이용하는 단일 테이블을 사용하여 이런 모든 액세스 패턴을 수행할 수 있도록 DynamoDB의 데이터를 패턴화합니다. 이것이 AppSync에서 동작하려면 모든 리졸버 로직을 처음부터 직접 작성하고 관리해야 합니다.
- 리졸버에서 직접 이런 관계를 활성화합니다. 그래프QL은 필드별로 리졸버를 사용할 수 있기 때문에 이 작업이 가능합니다. 이를 더 잘 이해하기 위해 작업할 타입을 살펴보겠습니다.

그래프QL Stage 타입

이해를 돕기 위해 8장에서 만든 타입을 살펴보겠습니다.

```
type Stage {
  id: ID!
  name: String!
  performances: [Performance]
}
```

다음은 무대와 무대에 포함된 공연에 대한 요청이 있을 때 발생할 것으로 가정할 수 있는 일련의 작업 예시입니다.

1. `Stage` 그래프QL 리졸버는 ID를 사용하여 데이터베이스의 `Stage` 테이블에서 무대 정보를 검색합니다.
2. `Stage` 타입의 `performances` 필드에는 자체 그래프QL 리졸버가 있습니다. 이 리졸버는 GSI를 사용하여 데이터베이스를 조회하고 `Stage`의 ID와 관련된 `Performance`만 검색합니다.

GraphQL Transform: @connection

3장에서는 GraphQL Transform 라이브러리의 `@model` 디렉티브를 사용해서 리졸버, 데이터베이스 및 추가적인 그래프QL 스키마를 포함한 전체 백엔드를 구축했습니다. 요약하면 GraphQL Transform은 그래프QL 스키마를 **데커레이트**decorate하고, 부가적인 기능을 추가할 수 있는 디렉티브 라이브러리입니다.

8장에서는 이러한 관계를 모델링하고 몇 줄의 코드만으로 필요한 리졸버를 생성할 수 있는 디렉티브인 `@connection`을 포함한 몇 가지 새로운 디렉티브에 대해 알아보겠습니다.

8.1.2 다양한 인증 방법

3장에서는 API 키를 인증 방법으로 사용하여 그래프QL API를 만들었습니다. 이 방법은 애플리케이션의 모든 사용자가 그래프QL 쿼리를 사용하는 상황 같은 특정한 경우에 적합합니다.

AppSync는 다음과 같은 네 가지 주요 인증 방법을 지원합니다.

API 키

API 키를 사용하려면 HTTP 요청을 보낼 때 헤더에 API 키를 `x-api-key` 형식으로 전송해야 합니다. Amplify 클라이언트를 사용하면 자동으로 전송됩니다.

Amazon Cognito 사용자 풀

Amazon Cognito는 관리형 인증 서비스로, 8장에서 우리가 사용할 메커니즘입니다. Amazon Cognito를 사용하여 API 및 그래프QL의 타입과 필드에 대한 보호된 접근과 그룹 접근을 설정할 수 있습니다.

OpenID Connect

OpenID Connect를 이용하면 사용하는 인증 방법을 가져올 수 있습니다. 따라서 Auth0와 같은 다른 인증 서비스를 선호하거나 회사에서 자체 인증을 구현한다면 이를 사용하여 AppSync API에 대해 인증할 수 있습니다.

IAM

AWS IAM을 이용하면 그래프QL API에서 AWS Signature Version 4 서명 프로세스를 사용해야 합니다. 공용 접근을 하는 경우 Cognito 자격 증명 풀의 AWS IAM 미인증 역할 Unauthenticated role을 사용할 수 있습니다. 이것은 API 키보다 AppSync API에 대한 공용 접근을 더 안전하게 활성화할 수 있습니다.

8장에서는 API 키와 Amazon Cognito의 조합을 사용하여 API에 대한 다양한 인증 방법을 제공하겠습니다. 이를 통해 미인증 사용자의 읽기 접근과 인증된 사용자의 읽기 및 쓰기 접근을 허용하겠습니다.

8.1.3 권한 규칙

GraphQL Transform 라이브러리를 사용하여 `@auth` 디렉티브를 이용하면 API에 대한 권한 규칙을 정의할 수 있습니다.

`@auth`를 사용하여 다음을 포함하는 다양한 종류의 규칙을 정의할 수 있습니다.

- 모든 사용자가 생성과 조회가 가능하지만, 수정과 삭제는 작성된 항목의 소유자만 가능합니다.
- 특정 그룹의 사용자만 생성, 수정 또는 삭제할 수 있습니다.
- 모든 사용자가 조회는 가능하지만 다른 작업은 불가능합니다.

이번 예제에서는 공용 접근과 보호된 접근을 모두 지원합니다. 이러한 규칙에 대한 제어 능력을 강화하기 위해 다음을 지원해야 합니다.

- `Admin`이라는 Amazon Cognito 그룹에 속한 인증된 사용자는 생성, 조회, 수정 및 삭제와 같은 모든 작업을 수행할 수 있습니다.
- 인증되지 않은 사용자는 접근 권한이 있지만, 조회만 할 수 있습니다.

8.1.4 GSI를 이용한 사용자 정의 데이터 액세스 패턴

DynamoDB의 가장 강력한 기능은 테이블당 20개의 GSI를 추가로 등록할 수 있다는 것입니다. GSI 또는 GSI와 정렬 키(필터 키filter key라고도 합니다)의 조합을 사용하여 데이터에 대한 매우 유연하고 강력한 데이터 액세스 패턴을 생성할 수 있습니다. GraphQL Transform 라이브러리에는 `@model` 타입에 사용자 정의 인덱스 구조를 쉽게 설정할 수 있는 `@key` 디렉티브도 있습니다.

`@key` 디렉티브를 사용하여 `Stage`의 `ID`를 `Performance` 테이블의 GSI로 설정하겠습니다. 이를 통해 특정 무대(`Stage`)에 대한 공연(`Performance`)을 쿼리할 수 있는 액세스 패턴을 만들겠습니다. 이렇게 하면 단일 그래프QL 쿼리에서 무대 및 무대에 포함된 공연을 요청할 수 있습니다.

이것으로 사용할 기술에 대한 대략적인 설명이 완료되었습니다. 이제 애플리케이션을 구축해 보겠습니다.

8.2 애플리케이션 구축 시작하기

애플리케이션을 구축하기 위해 리액트 애플리케이션 생성, 종속성 설치, Amplify 프로젝트 생성 및 CLI를 통한 기능 추가를 다시 살펴보겠습니다.

먼저 리액트 애플리케이션을 생성하겠습니다.

```
~ npx create-react-app festivalapp
~ cd festivalapp
```

다음으로 필요한 종속성을 설치하겠습니다.

```
~ npm install aws-amplify antd @aws-amplify/ui-react react-router-dom
```

8.3 Amplify 프로젝트 생성

생성된 리액트 애플리케이션 디렉터리에서 Amplify 프로젝트를 생성하겠습니다.

```
~ amplify init

# 이전 프로젝트에서 했던 것처럼 단계를 진행합니다.
```

이제 기능을 추가하겠습니다.

8.4 백엔드 구축

첫 번째로 인증 기능을 추가하겠습니다. 이 애플리케이션에는 기본 인증뿐만 아니라 6장에서처럼 Post Confirmation Lambda Trigger를 통해 동적으로 관리자를 추가할 수 있는 기능도 필요합니다. 이 기능을 활성화하기 위해 인증 서비스와 관리자로 지정된 사용자가 가입할 때 `Admin` 그룹에 추가하는 Lambda 트리거를 생성하겠습니다.

8.4.1 인증

Cognito를 이용한 인증을 추가하기 위해 `auth`를 추가하겠습니다.

```
~ amplify add auth

? Do you want to use the default authentication and security configuration?
  Default configuration
? How do you want users to be able to sign in? Username
? Do you want to configure advanced settings? Yes, I want to make some
  additional changes.
? What attributes are required for signing up? Email
? Do you want to enable any of the following capabilities? Add User to Group
? Enter the name of the group to which users will be added. Admin
? Do you want to edit your add-to-group function now? Y
```

마지막 선택지에서 Y를 입력하면 열리는 add-to-group.js를 다음과 같이 수정하겠습니다. adminEmails 배열에는 관리자로 지정될 사용자의 이메일을 입력하겠습니다.

```
// amplify/backend/function/<함수 이름>/src/add-to-group.js

const aws = require('aws-sdk')

exports.handler = async (event, context, callback) => {
  const cognitoProvider = new aws.CognitoIdentityServiceProvider({
    apiVersion: '2016-04-18'
  });

  let isAdmin = false
  // 관리자 이메일을 설정합니다.
  const adminEmails = ['user1@somedomain.com', 'user2@somedomain.com']

  // 사용자가 관리자면 isAdmin을 true로 설정합니다.
  if (adminEmails.indexOf(event.request.userAttributes.email) !== -1) {
    isAdmin = true
  }

  const groupParams = {
    UserPoolId: event.userPoolId,
  }

  const userParams = {
    UserPoolId: event.userPoolId,
    Username: event.userName,
  }
```

```
  if (isAdmin) {
    groupParams.GroupName = 'Admin',
    userParams.GroupName = 'Admin'

    // 그룹이 있는지 확인하고, 없으면 그룹을 생성합니다.
    try {
      await cognitoProvider.getGroup(groupParams).promise()
    } catch (e) {
      await cognitoProvider.createGroup(groupParams).promise()
    }

    // 사용자가 관리자인 경우 그룹에 추가합니다.
    try {
      await cognitoProvider.adminAddUserToGroup(userParams).promise()
      callback(null, event)
    } catch (e) {
      callback(e)
    }
  } else {
    // 사용자가 관리자가 아니면 아무 작업도 하지 않습니다.
    callback(null, event)
  }
}
```

이제 인증 서비스가 준비되었습니다. 다음 단계로 AppSync API를 생성해보겠습니다.

8.4.2 AppSync API

다음으로 AppSync 그래프QL API를 생성하겠습니다. 이 API는 공용 접근과 보호된 접근 모두에 대해 다양한 인증 방법을 제공해야 합니다. 이것은 모두 CLI를 통해 추가할 수 있습니다.

AppSync API를 추가하기 위해 `api`를 사용하겠습니다.

```
~ amplify add api

? Please select from one of the below mentioned services: GraphQL
? Provide API name: festivalapi
? Choose an authorization type for the API: Amazon Cognito User Pool
? Do you want to configure advanced settings for the GraphQL API: Yes, I want to
  make some additional changes.
```

```
? Configure additional auth types? Y
? Choose the additional authorization types you want to configure for the API:
  API key
? Enter a description for the API key: public (또는 다른 설명)
? After how many days from now the API key should expire: 365 (또는 원하는 만료
  기간)
? Configure conflict detection? N
? Do you have an annotated GraphQL schema? N
? Choose a schema template: Single object with fields
? Do you want to edit the schema now? Y
```

마지막 선택지에서 Y를 입력하면 에디터에서 그래프QL 스키마가 있는 `amplify/backend/api/festivalapi/schema.graphql` 파일이 열립니다.

애플리케이션에서 사용할 스키마에는 `Stage`와 `Performance` 두 가지 타입이 있습니다. `schema.graphql` 파일을 다음과 같이 수정하겠습니다.

```
type Stage @model
  @auth(rules: [
  { allow: public, operations: [read] },
  { allow: groups, groups: ["Admin"] }
]) {
  id: ID!
  name: String!
  performances: [Performance] @connection(keyName: "byStageId", fields: ["id"])
}

type Performance @model
  @key(name: "byStageId", fields: ["performanceStageId"])
  @auth(rules: [
  { allow: public, operations: [read] },
  { allow: groups, groups: ["Admin"] }
]) {
  id: ID!
  performanceStageId: ID!
  productID: ID
  performer: String!
  imageUrl: String
  description: String!
  time: String
  stage: Stage @connection
}
```

다음에는 스키마에 사용된 디렉티브에 대해 알아보겠습니다.

@auth

먼저 @auth 디렉티브를 사용하면 권한 규칙을 설정할 수 있습니다. 각 규칙에는 필수적으로 allow 필드가 있습니다. allow 필드 외에도 기본 인증 방법과 다른 경우 인증 방법을 지정하는 provider 같은 다양한 메타데이터도 선택적으로 작성할 수 있습니다.

Stage와 Performance 타입에서는 그룹 접근(groups)과 공용 접근(public) 두 가지 권한 타입을 사용했습니다. 공용 접근(public)에 대해 활성화할 작업 목록을 설정하는 operations도 사용했습니다. operations이 설정되지 않으면 모든 작업이 활성화됩니다.

@key

@key 디렉티브를 사용하면 사용자 정의 데이터 액세스 패턴을 위해 DynamoDB 테이블에 GSI 및 정렬 키를 추가할 수 있습니다. 작성된 스키마에서는 Performance 테이블의 performanceStageId 필드를 사용해서 byStageId라는 key를 생성했습니다. 이를 이용하면 키에 해당하는 Stage 테이블과 해당 Stage의 performances를 조회할 수 있습니다.

@connection

@connection 디렉티브를 사용하면 타입 간의 관계를 모델링할 수 있습니다. 생성될 수 있는 관계의 종류에는 일대다, 다대일 또는 다대다 관계가 있습니다. 이 예제에서는 두 가지 관계를 만들었습니다.

- 하나의 Stage당 여러 개의 Performance가 존재하는 관계
- Performance가 Stage에 속하는 관계

8.5 서비스 배포

모든 서비스의 설정이 완료되었으니 백엔드를 배포하겠습니다.

```
~ amplify push
```

서비스가 배포되었으니 클라이언트 코드를 작성하겠습니다.

8.6 프런트엔드 구축

이제 프로젝트의 백엔드 준비가 완료되었으니 클라이언트 구축을 시작하겠습니다.

먼저 애플리케이션에서 필요한 파일을 생성하겠습니다.

```
~ cd src
~ touch Container.js Footer.js Nav.js Admin.js Router.js Performance.js Home.js
```

다음으로 `src/index.js`를 열어 Amplify를 설정하고 Ant Design 스타일을 가져오겠습니다. 그리고 곧 구현할 `Router` 컴포넌트를 사용하여 다음과 같이 수정하겠습니다.

```
/* src/index.js */
import React from 'react'
import ReactDOM from 'react-dom'
import Router from './Router'
import 'antd/dist/antd.css'

import Amplify from 'aws-amplify'
import config from './aws-exports'
Amplify.configure(config)

ReactDOM.render(<Router />, document.getElementById('root'))
```

8.6.1 Container 컴포넌트

이제 일관된 스타일을 적용하기 위해 `Container` 컴포넌트를 생성하겠습니다.

```
/* src/Container.js */
import React from 'react'

export default function Container({ children }) {
```

```
  return (
    <div style={container}>
      {children}
    </div>
  )
}

const container = {
  padding: '30px 40px',
  minHeight: 'calc(100vh - 120px)'
}
```

8.6.2 Footer 컴포넌트

이번에는 관리자가 가입과 로그인할 수 있는 링크가 포함된 Footer 컴포넌트를 만들겠습니다.

```
/* src/Footer.js */
import React from 'react'
import { Link } from 'react-router-dom'

function Footer() {
  return (
    <div style={footerStyle}>
      <Link to="/admin">
        Admins
      </Link>
    </div>
  )
}

const footerStyle = {
  borderTop: '1px solid #ddd',
  display: 'flex',
  alignItems: 'center',
  padding: 20
}

export default Footer
```

8.6.3 Nav 컴포넌트

다음으로 `src/Nav.js`를 열고 기본 내비게이션을 생성하겠습니다. `Nav` 컴포넌트에는 모든 무대와 공연을 보여주는 기본 화면으로 이동하기 위한 링크만 있습니다.

```
/* src/Nav.js */
import React from 'react'
import { Link } from 'react-router-dom'
import { Menu } from 'antd'
import { HomeOutlined } from '@ant-design/icons'

const Nav = (props) => {
  const { current } = props
  return (
    <div>
      <Menu selectedKeys={[current]} mode="horizontal">
        <Menu.Item key='home'>
          <Link to='/'>
            <HomeOutlined />Home
          </Link>
        </Menu.Item>
      </Menu>
    </div>
  )
}

export default Nav
```

8.6.4 Admin 컴포넌트

이 예제에서 만드는 `Admin` 컴포넌트에는 가입, 로그인, 로그아웃 세 가지 기능만 있습니다. 하지만 `Admin` 컴포넌트는 관리자가 API를 생성하고 관리할 수 있도록 관리자로 가입하는 방법을 제공하는 방법으로 확장하여 사용할 수 있습니다.

TIP 사용자가 가입할 때 Lambda 트리거에서 사용자의 이메일이 관리자의 이메일인 경우 사용자는 `Admin` 그룹에 추가됩니다. 그런 다음 무대와 공연에 대한 생성, 수정, 삭제 뮤테이션을 사용할 수 있습니다.

그래프QL 스키마 또는 Lambda 함수와 같은 백엔드 코드를 수정해야 하는 경우 로컬에서 변경한 다음 amplify push를 실행해서 변경 내용을 백엔드에 배포할 수 있습니다.

```
/* src/Admin.js */
import React from 'react'
import { withAuthenticator, AmplifySignOut } from '@aws-amplify/ui-react'
import { Auth } from 'aws-amplify'
import { Button } from 'antd'

function Admin() {
  return (
    <div>
      <h1 style={titleStyle}>Admin</h1>
      <AmplifySignOut />
    </div>
  )
}

const titleStyle = {
  fontWeight: 'normal',
  margin: '0px 0px 10px 0px'
}

export default withAuthenticator(Admin)
```

8.6.5 Router 컴포넌트

이제 Router 컴포넌트를 만들어보겠습니다.

```
/* src/Router.js */
import React, { useState, useEffect } from 'react'
import { HashRouter, Switch, Route } from 'react-router-dom'

import Home from './Home'
import Admin from './Admin'
import Nav from './Nav'
import Footer from './Footer'
import Container from './Container'
import Performance from './Performance'

const Router = () => {
```

```
  const [current, setCurrent] = useState('home')
  useEffect(() => {
    setRoute()
    window.addEventListener('hashchange', setRoute)
    return () =>  window.removeEventListener('hashchange', setRoute)
  }, [])
  function setRoute() {
    const location = window.location.href.split('/')
    const pathname = location[location.length-1]
    setCurrent(pathname ? pathname : 'home')
  }

  return (
    <HashRouter>
      <Nav current={current} />
      <Container>
        <Switch>
          <Route exact path="/" component={Home}/>
          <Route exact path="/performance/:id" component={Performance} />
          <Route exact path="/admin" component={Admin}/>
        </Switch>
      </Container>
      <Footer />
    </HashRouter>
  )
}

export default Router
```

Router 컴포넌트에서는 라우터를 Container 및 Footer 같은 UI 컴포넌트와 함께 사용합니다.

애플리케이션에는 다음 세 가지 경로가 있습니다.

Home

무대와 공연을 렌더링하는 주요 경로입니다.

Performance

개별 공연 및 공연과 관련된 세부 정보를 렌더링하는 경로입니다.

Admin

관리자 가입 및 로그인 화면을 렌더링하는 경로입니다.

Performance 경로에는 다음과 같은 경로가 사용됩니다.

```
/performance/:id
```

이렇게 하면 URL 매개변수를 가질 수 있기 때문에 URL에서 공연 ID를 쉽게 확인할 수 있습니다.

```
/performance/100
```

URL 매개변수가 있는 경로를 사용하면 컴포넌트에서 URL 매개변수에 접근할 수 있습니다. 이것은 공연 ID를 사용하여 공연 세부 정보를 가져올 수 있다는 점에서 유용합니다. 또한 이를 이용하면 딥링크deep link를 지원하는 애플리케이션을 쉽게 만들 수 있습니다.

8.6.6 Performance 컴포넌트

다음으로 Performance 컴포넌트를 만들겠습니다.

```
/* src/Performance.js */
import React, { useState, useEffect } from 'react'
import { useParams } from 'react-router-dom'
import { getPerformance } from './graphql/queries'
import { API } from 'aws-amplify'

function Performance() {
  const [performance, setPerformance] = useState(null)
  const [loading, setLoading] = useState(true)

  let { id } = useParams()
  useEffect(() => {
    fetchPerformanceInfo()
  }, [])
  async function fetchPerformanceInfo() {
    try {
      const talkInfo = await API.graphql({
```

```
        query: getPerformance,
        variables: { id },
        authMode: 'API_KEY'
      })
      setPerformance(talkInfo.data.getPerformance)
      setLoading(false)
    } catch (err) {
      console.log('error fetching talk info...', err)
      setLoading(false)
    }
  }

  return (
    <div>
      <p>Performance</p>
      { loading && <h3>Loading...</h3>}
      {
        performance && (
          <div>
            <h1>{performance.performer}</h1>
            <h3>{performance.time}</h3>
            <p>{performance.description}</p>
          </div>
        )
      }
    </div>
  )
}

export default Performance
```

이 컴포넌트는 매우 기본적인 렌더링을 합니다. 그저 performance의 performer, time 및 description을 렌더링할 뿐입니다. 이 컴포넌트에서 흥미로운 부분은 해당 정보를 얻는 방법으로 다음과 같은 흐름으로 동작합니다.

1. useState를 사용해서 초깃값을 true로 설정한 loading과 null로 설정한 performance 두 가지 상태를 생성합니다. 또한 React Router의 useParams 함수를 사용하여 받아온 경로 매개변수를 저장하는 id라는 변수를 생성합니다.
2. 컴포넌트가 렌더링되면 useEffect를 사용하여 fetchPerformanceInfo 함수를 즉시 호출합니다.
3. fetchPerformanceInfo 함수는 경로 매개변수의 id를 사용하여 AppSync API를 호출합니다.

이 API 호출은 API.graphql을 사용하여 query, variables, authMode를 전달합니다. 기본적으로 API는 Cognito 사용자 풀을 인증 방법으로 사용합니다. 공용 API 호출을 사용하려면 이 예제처럼 authMode를 지정해서 전달해야 합니다.

4. API에서 데이터가 반환되면 setLoading과 setPerformance를 호출해서 UI를 업데이트하고 API에서 반환된 데이터를 렌더링합니다.

8.6.7 Home 컴포넌트

마지막으로 Home 컴포넌트를 생성해보겠습니다.

```
/* src/Home.js */
import React, { useEffect, useState } from 'react'
import { API } from 'aws-amplify'
import { listStages } from './graphql/queries'
import { Link } from 'react-router-dom'
import { List } from 'antd'

function Home() {
  const [stages, setStages] = useState([])
  const [loading, setLoading] = useState(true)
  useEffect(() => {
    getStages()
  }, [])
  async function getStages() {
    const apiData = await API.graphql({
      query: listStages,
      authMode: 'API_KEY'
    })
    const { data: { listStages: { items }}} = apiData
    setLoading(false)
    setStages(items)
  }

  return (
    <div>
     <h1 style={heading}>Stages</h1>
      { loading && <h2>Loading...</h2>}
      {
        stages.map(stage => (
          <div key={stage.id} style={stageInfo}>
```

```
            <p style={infoHeading}>{stage.name}</p>
            <p style={infoTitle}>Performances</p>
            <List
              itemLayout="horizontal"
              dataSource={stage.performances.items}
              renderItem={performance => (
                <List.Item>
                  <List.Item.Meta
                   title={
                     <Link style={performerInfo}
                       to={`/performance/${performance.id}`}
                     >
                       {performance.performer}
                     </Link>
                   }
                   description={performance.time}
                  />
                </List.Item>
              )}
            />
          </div>
        ))
      }
    </div>
  )
}

const heading = { fontSize: 44, fontWeight: 300, marginBottom: 5 }
const stageInfo = { padding: '20px 0px 10px', borderBottom: '2px solid #ddd' }
const infoTitle = { fontWeight: 'bold' , fontSize: 18 }
const infoHeading = { fontSize: 30, marginBottom: 5 }
const performerInfo = { fontSize: 24 }

export default Home
```

이 컴포넌트의 로직은 Performance 컴포넌트와 매우 유사합니다.

1. useState를 사용하여 빈 배열을 기본값으로 하는 stages 상태와 true를 기본값으로 하는 loading 상태를 생성합니다.
2. Home 컴포넌트가 마운트되면 authMode를 API_KEY로 지정하여 AppSync API를 호출합니다.
3. API에서 데이터가 반환되면 stages의 상태를 설정하고 loading을 false로 변경합니다.

이제 애플리케이션의 프런트엔드 작업은 마무리되었지만 한 가지 작업이 남았습니다. performances에 대한 사용자 정의 액세스 패턴을 만들었기 때문에 listStages 쿼리 정의를 수정해야 합니다. listStages 쿼리를 다음과 같이 수정하겠습니다.

```
/* src/graphql/queries.js */

export const listStages = /* GraphQL */ `
  query ListStages(
    $filter: ModelStageFilterInput
    $nextToken: String
  ) {
    listStages(filter: $filter, limit: 500, nextToken: $nextToken) {
      items {
        id
        name
        performances {
          items {
            id
            time
            performer
            description
          }
        }
      }
      nextToken
    }
  }
`
```

모든 작업이 완료되었습니다. 애플리케이션을 시작하고 관리자로 가입을 하겠습니다.

```
~ npm start
```

화면 아래에 있는 Admins 링크를 클릭해서 관리자로 가입하고 AppSync 대시보드를 열겠습니다.

```
~ amplify console api

? Please select from one of the below mentioned services: GraphQL
```

AppSync 대시보드의 왼쪽 메뉴에서 [Queries]를 클릭하면 나타나는 쿼리 편집기에서 방금 가입한 사용자의 사용자 이름과 비밀번호를 사용하여 로그인하려면 [Login with User Pools]을 클릭해야 합니다. 버튼을 클릭하면 ClientId와 사용자 이름 및 비밀번호를 입력하는 창이 나타납니다. ClientId는 로컬 프로젝트의 `aws-exports.js` 파일에 있는 `aws_user_pools_web_client_id` 값을 사용하면 됩니다.

그다음 무대와 공연을 각각 한 개 이상 생성하겠습니다.

```
mutation createStage {
  createStage(input: {
    id: "stage-1"
    name: "Stage 1"
  }) {
    id name
  }
}

mutation createPerformance {
  createPerformance(input: {
    performanceStageId: "stage-1"
    performer: "Dreek"
    description: "Dreek LIVE in NYC! Don't miss out, performing
                  all of the hits with a few surprise performances!"
    time: "Monday, May 4 2022"
  }) {
    id performer description
  }
}
```

이제 입력한 만큼의 데이터가 데이터베이스에 생성되었고, 애플리케이션에서 생성된 데이터를 볼 수 있을 뿐만 아니라 각 공연에 대한 기본 정보 화면과 세부 정보 화면 사이를 이동할 수 있게 되었습니다!

8.7 마치며

8장에서는 다음과 같은 내용을 기억해야 합니다.

- GraphQL Transform 디렉티브를 사용하면 권한 규칙, 관계 및 데이터 액세스 패턴에 대한 사용자 정의 인덱스 같은 강력한 기능을 그래프QL API에 추가할 수 있습니다.
- `@auth` 디렉티브를 사용하면 타입 및 필드에 대한 권한 규칙을 정의할 수 있습니다.
- `@connection` 디렉티브를 사용하면 그래프QL 타입 간의 관계 모델링을 할 수 있습니다.
- `@key` 디렉티브를 사용하면 데이터 액세스 패턴에 대한 사용자 정의 인덱스를 생성하고 기존 관계를 확장할 수 있습니다.
- 다양한 인증 방법을 사용하는 API를 이용할 때 인증 방법을 재정의하기 위해 `authMode`를 `API` 클래스에 전달할 수 있습니다. 이를 통해 사용할 인증 방법을 지정할 수 있습니다.

CHAPTER 9

Amplify DataStore를 이용한 오프라인 애플리케이션 구축

지금까지 REST API와 그래프QL API를 다뤄봤습니다. 그래프QL API를 사용할 때 `API` 클래스를 사용하여 뮤테이션과 쿼리를 직접 호출했습니다.

Amplify는 AppSync와 상호작용하는 또 다른 타입의 API인 Amplify DataStore도 지원합니다. DataStore는 기존 그래프QL API와는 다른 접근 방식을 사용합니다.

DataStore는 쿼리 및 뮤테이션을 사용하여 그래프QL API와 상호작용하는 대신 SDK를 사용합니다. DataStore SDK는 로컬 저장소에서 데이터를 읽고 쓸 수 있습니다. 또한 IndexDB나 네이티브 iOS 및 안드로이드의 SQLite 같은 각 플랫폼의 로컬 스토리지 엔진을 사용하여 로컬에서 데이터를 유지합니다. 그런 다음 DataStore는 로컬 데이터를 그래프QL 백엔드에 자동으로 동기화하여 로컬과 클라우드에서 모두 업데이트가 이루어집니다.

DataStore SDK를 사용하면 저장, 수정, 삭제 같은 작업을 수행하고 DataStore에 직접 쓰기만 하면 됩니다. DataStore는 인터넷에 연결되면 데이터를 클라우드에 동기화하고, 온라인 상태가 아닌 경우에는 다음에 연결할 때 작업 대기열에 추가합니다. 또한 DataStore는 세 가지 기본 충돌 해결 전략 중 하나를 사용하여 충돌에 대한 감지와 해결을 처리합니다.

자동 병합(Auto Merge)

병합 작업을 수행하기 위해 런타임에 객체에 있는 그래프QL 타입 정보를 검사합니다(권장 옵션).

낙관적 동시성(Optimistic Concurrency)

데이터베이스에 가장 최근에 작성된 항목은 수신되는 데이터와의 버전 확인이 된 후 사용됩니다.

사용자 정의(Custom Lambda)

Lambda 함수를 사용해서 업데이트를 병합하거나 거부할 때 원하는 사용자 정의 비즈니스 로직을 작성합니다.

9.1 Amplify DataStore란?

Amplify DataStore의 구성 요소는 다음과 같습니다.

- AppSync 그래프QL API
- 오프라인에서도 데이터를 유지하는 로컬 스토리지 저장소 및 동기화 엔진
- 로컬 스토리지 저장소와 상호작용하기 위한 클라이언트 사이드 SDK
- 서버에서 정교한 충돌 감지 및 충돌 해결을 가능하게 하는 특수 동기화 지원 그래프QL 리졸버(Amplify CLI에 의해 생성)

9.1.1 Amplify DataStore 개요

DataStore를 시작하기 위해서는 지금까지와 마찬가지로 API를 생성해야 합니다. 주요 차이점은 CLI를 통해 API를 생성할 때 **충돌 탐지**conflict detection를 사용하도록 설정한다는 것입니다.

클라이언트에서 DataStore를 이용하려면 스토리지 저장소와 상호작용하는 데 사용할 모델을 만들어야 합니다. 이 작업은 이미 갖고 있는 그래프QL 스키마를 사용해서 `amplify codegen models` 빌드 명령을 실행하면 쉽게 수행할 수 있습니다.

이렇게 하면 DataStore와 상호작용할 모든 준비가 완료됩니다.

9.1.2 Amplify DataStore 작업

DataStore와 상호작용하려면 먼저 `DataStore` API와 사용할 모델을 가져와야 합니다. 이를 이용해서 DataStore에 대한 작업을 수행할 수 있습니다.

[표 9-1]은 사용 가능한 작업의 일부입니다.

표 9-1 Amplify DataStore 작업

작업	코드
DataStore API 및 모델 가져오기	`import { DataStore } from '@aws-amplify/datastore'` `import { Message} from './models'`

데이터 저장	`await DataStore.save(`
	`    new Message({`
	`        title: 'Hello World', sender: 'Chris'`
	`    })`
	`)`

데이터 조회	`const posts = await DataStore.query(Post)`
데이터 삭제	`const message = await DataStore.query(Message, '123')` `DataStore.delete(message)`

데이터 수정	`const message = await DataStore.query(Message, '123')`
	`await DataStore.save(`
	`    Post.copyOf(message, updated => {`
	`        updated.title = 'My new title'`
	`    })`
	`)`

실시간 기능을 위한 데이터 변경 사항 추적	`const subscription =`
	`  DataStore.observe(Message).subscribe(msg => {`
	`    console.log(message.model, message.opType, message.element)`
	`  });`

9.1.3 DataStore 프레디케이트

그래프QL 타입에 정의된 필드를 사용하여 DataStore에 프레디케이트predicate 필터를 적용할 수 있습니다. 다음은 DynamoDB에서 지원되는 조건식입니다.

```
Strings: eq | ne | le | lt | ge | gt | contains | notContains | beginsWith |
between
Numbers: eq | ne | le | lt | ge | gt | between
Lists: contains | notContains
```

예를 들어 제목에 `Hello`가 포함된 `title`을 가진 모든 메시지를 조회하고 싶다면 다음과 같이 작성합니다.

```
const messages = await DataStore.query(Message, m => m.title('contains', 'Hello'))
```

다음과 같이 여러 프레디케이트를 단일 작업으로 연결하여 사용할 수도 있습니다.

```
const message = await DataStore.query(Message, m =>
    m.title('contains', 'Hello').sender('eq', 'Chris')
)
```

프레디케이트를 사용하면 다양한 방법으로 로컬 데이터를 검색할 수 있습니다. 이를 통해 전체 데이터를 받아와서 클라이언트에서 필터링하는 대신 저장소에서 필요한 데이터를 정확하게 쿼리할 수 있습니다.

9.2 Amplify DataStore를 이용한 실시간 애플리케이션 구축

9장에서는 [그림 9-1]과 같은 오프라인 상태에서도 사용 가능한 실시간 메시지 피드를 만들어 보겠습니다.

애플리케이션 사용자는 새 메시지를 생성할 수 있으며 다른 모든 사용자는 실시간으로 생성된 메시지를 받을 수 있습니다. 사용자가 오프라인이 되어도 메시지를 계속 작성할 수 있고, 오프라인 상태에서 작성된 메시지는 사용자가 온라인 상태가 되었을 때 백엔드와 동기화됩니다. 오프라인 상태일 때 다른 사용자가 생성한 모든 메시지도 온라인 상태가 되었을 때 가져와서 로컬과 동기화됩니다.

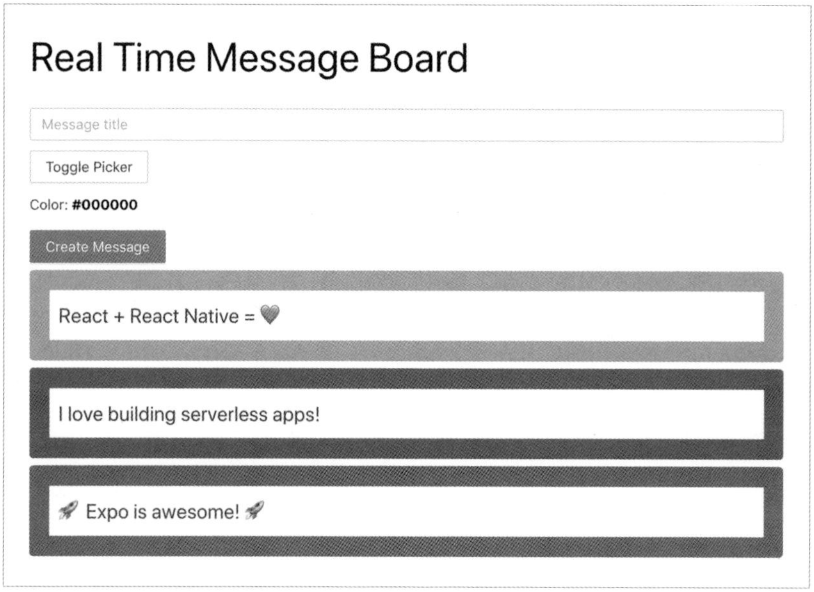

그림 9-1 실시간 메시지 피드

이 애플리케이션은 `DataStore`의 세 가지 함수를 이용해서 작업을 수행합니다.

save

DataStore에서 새 항목을 생성합니다. 항목을 로컬에 저장하고 백그라운드에서 그래프QL 뮤테이션을 수행합니다.

query

DataStore에서 조회합니다. 단일 항목 또는 리스트를 반환하고 백그라운드에서 그래프QL 쿼리를 수행합니다.

observe

생성, 수정, 삭제로 인한 데이터의 변경을 수신하고 백그라운드에서 그래프QL 서브스크립션을 수행합니다.

이제 애플리케이션 구축을 시작하겠습니다.

9.2.1 프로젝트 생성

애플리케이션 구축을 시작하기 위해 리액트 애플리케이션을 생성하고 종속성을 설치하겠습니다. 그런 다음 Amplify 프로젝트를 생성하겠습니다.

먼저 리액트 애플리케이션을 생성하겠습니다.

```
~ npx create-react-app rtmessageboard
~ cd rtmessageboard
```

다음으로 종속성 설치를 진행하겠습니다.

Amplify는 특정 API에 대해서만 모듈을 설치하는 것이 가능합니다. 이를 이용하여 필요한 기능만 설치하면 번들 크기를 줄일 수 있습니다. 9장의 예제에서는 DataStore API만 사용하므로 DataStore 패키지(`@aws-amplify/datastore`)만 지정해서 설치하겠습니다.

또한 스타일링을 위한 Ant Design 라이브러리(`antd`)와 색상 선택을 위한 `SketchPicker` 컴포넌트를 제공하는 React Color 라이브러리(`react-color`)를 설치하겠습니다. `aws-exports.js`를 이용한 Amplify 설정을 위해 필요한 Amplify Core(`@aws-amplify/core`)도 설치하겠습니다.

```
~ npm install @aws-amplify/core @aws-amplify/datastore antd react-color
```

다음으로 Amplify 프로젝트를 생성하겠습니다.

```
~ amplify init

# 이전 프로젝트에서 했던 것처럼 단계를 진행합니다.
```

9.2.2 API 생성

이제 AppSync 그래프QL API를 생성하겠습니다.

```
~ amplify add api

? Please select from one of the below mentioned services: GraphQL
? Provide API name: rtmessageboard
? Choose the default authorization type for the API: API key
? Enter a description for the API key: public
? After how many days from now the API key should expire (1-365): 365 (또는 원
  하는 만료 기간)
? Do you want to configure advanced settings for the GraphQL API: Yes, I want to
  make some additional changes.
? Configure additional auth types: N
? Configure conflict detection: Y
? Select the default resolution strategy: Auto Merge
? Do you have an annotated GraphQL schema: N
? What best describes your project: Single object with fields
? Do you want to edit the schema now: Y
```

에디터에서 열린 `schema.graphql` 파일을 다음과 같이 수정하겠습니다.

```
type Message @model {
  id: ID!
  title: String!
  color: String
  image: String
  createdAt: String
}
```

그래프QL API 생성과 그래프QL 스키마 작성을 완료했습니다. 이제 로컬 DataStore API를 사용하는 데 필요한 모델을 그래프QL 스키마를 기반으로 만들 수 있습니다.

```
~ amplify codegen models
```

`amplify codegen models`를 실행하면 프로젝트에 `models`라는 디렉터리가 생성됩니다. 이 디렉터리에 있는 모델을 사용하여 DataStore API와 상호작용할 수 있습니다. 이제 API를 배포하겠습니다.

```
~ amplify push --y
```

백엔드 배포가 완료되면 클라이언트 사이드 코드 작성을 시작할 수 있습니다.

9.2.3 클라이언트 사이드 코드 작성

먼저 src/index.js를 열고 마지막 import 아래에 다음 코드를 추가하여 Amplify를 설정하겠습니다.

```
import 'antd/dist/antd.css'
import Amplify from '@aws-amplify/core'
import config from './aws-exports'
Amplify.configure(config)
```

Amplify Core만 설치했기 때문에 aws-amplify 대신 @aws-amplify/core에서 Amplify를 가져왔습니다.

다음으로 App.js를 열고 다음과 같이 수정하겠습니다.

```
/* src/App.js */
import React, { useState, useEffect } from 'react'
import { SketchPicker } from 'react-color'
import { Input, Button } from 'antd'
import { DataStore } from '@aws-amplify/datastore'
import { Message} from './models'

const initialState = { color: '#000000', title: '' }
function App() {
  const [formState, updateFormState] = useState(initialState)
  const [messages, updateMessages] = useState([])
  const [showPicker, updateShowPicker] = useState(false)
  useEffect(() => {
    fetchMessages()
    const subscription = DataStore.observe(Message).subscribe(() =>
fetchMessages())
    return () => subscription.unsubscribe()
  }, [])

  async function fetchMessages() {
    const messages = await DataStore.query(Message)
    updateMessages(messages)
```

```
}
function onChange(e) {
  if (e.hex) {
    updateFormState({ ...formState, color: e.hex})
  } else {
    updateFormState({ ...formState, [e.target.name]: e.target.value})
  }
}
async function createMessage() {
  if (!formState.title) return
  await DataStore.save(new Message({ ...formState }))
  updateFormState(initialState)
}

return (
  <div style={container}>
    <h1 style={heading}>Real Time Message Board</h1>
    <Input
      onChange={onChange}
      name="title"
      placeholder="Message title"
      value={formState.title}
      style={input}
    />
    <div>
      <Button
        onClick={() => updateShowPicker(!showPicker)}
        style={button}
      >Toggle Color Picker</Button>
      <p>
        Color:
        <span style={{fontWeight: 'bold', color: formState.color}}>
          {formState.color}
        </span>
      </p>
    </div>
    {
      showPicker && (
        <SketchPicker
          color={formState.color}
          onChange={onChange}
        />
      )
    }
```

```
        <Button type="primary" onClick={createMessage}>Create Message</Button>
        {
          messages.map(message => (
            <div
              key={message.id}
              style={{...messageStyle, backgroundColor: message.color}}
            >
              <div style={messageBg}>
                <p style={messageTitle}>{message.title}</p>
              </div>
            </div>
          ))
        }
      </div>
    )
  }

const container = { width: '100%', padding: 40, maxWidth: 900 }
const input = { marginBottom: 10 }
const button = { marginBottom: 10 }
const heading = { fontWeight: 'normal', fontSize: 40 }
const messageBg = { backgroundColor: 'white' }
const messageStyle = { padding: '20px', marginTop: 7, borderRadius: 4 }
const messageTitle = { margin: 0, padding: 9, fontSize: 20  }

export default App
```

다음은 App 컴포넌트에서 가장 중요한 부분입니다.

1. `Message` 모델뿐만 아니라 Amplify에서 `DataStore` API를 가져옵니다.
2. `useState` Hook을 사용하여 세 개의 컴포넌트 상태를 생성합니다.
    - `formState`

      이 객체는 양식의 상태를 관리합니다. 양식에는 메시지의 배경색을 표시하는 데 사용하는 색상(`color`)과 제목(`title`)이 있습니다.
    - `messages`

      DataStore에서 가져온 메시지 리스트를 관리합니다.
    - `showPicker`

      `color`의 값을 지정하기 위해서 사용하는 색상 선택기(`SketchPicker` 컴포넌트)의 표시 여부를 관리합니다. 기본적으로 색상은 검은색으로 설정되고 `formState` 상태가 값을 갖고 있습니다.

3. useEffect Hook을 사용해서 App 컴포넌트가 렌더링되면 fetchMessages 함수를 호출하여 모든 메시지를 가져오고 메시지의 변경사항을 수신하는 subscription(DataStore.observe)을 만듭니다. subscription이 실행되면 업데이트 여부를 알게 되고 API에서 전달되는 최신 데이터로 애플리케이션을 유지하기 위해 fetchMessages 함수를 다시 호출합니다.
4. fetchMessages 함수는 DataStore.query를 호출합니다. 그런 다음 반환되는 메시지 리스트로 컴포넌트의 상태를 업데이트합니다.
5. onChange 핸들러는 변경 중인 색상 선택기뿐만 아니라 입력창의 내용이 변경되는 것도 처리합니다.
6. createMessage에서는 가장 먼저 제목(title)이 입력되었는지 확인합니다. 제목이 입력되어 있으면 DataStore.save를 사용하여 메시지를 저장하고 formState 상태를 초기화합니다.

이제 애플리케이션을 실행해서 테스트해보겠습니다.

```
~ npm start
```

9.2.4 오프라인 기능 테스트

오프라인으로 전환하여 새 뮤테이션을 만들고 다시 온라인으로 전환해보겠습니다. 다시 온라인으로 전환하면 오프라인 상태에서 만들어진 모든 메시지를 애플리케이션에서 가져와 데이터베이스에 생성합니다.

저장된 메시지는 AppSync 대시보드에서 확인할 수 있습니다.

```
~ amplify console api

? Please select from one of the below mentioned services: GraphQL
```

AppSync 대시보드의 왼쪽 메뉴에서 [Data Sources]을 클릭하고 테이블의 'Resource'에 있는 값을 클릭합니다. Resource 값을 클릭하면 이동하는 DynamoDB 'Tables' 메뉴의 [Items] 탭을 클릭해서 저장된 메시지를 확인할 수 있습니다.

9.2.5 실시간 기능 테스트

실시간 기능을 테스트하려면 다른 브라우저 창을 열어 두 개의 창에서 애플리케이션을 실행합니다. 그런 다음 하나의 창에 새 항목을 만들고 다른 창에서 업데이트가 자동으로 처리되는지 확인합니다.

9.3 마치며

9장에서 기억해야 하는 내용은 다음과 같습니다.

- Amplify를 사용하면 AppSync와 DataStore라는 두 가지 API가 상호작용할 수 있습니다.
- DataStore를 사용할 때 더는 HTTP 요청을 API로 직접 전송하지 않습니다. 대신 로컬 스토리지 엔진에 작성하고 DataStore가 클라우드와 동기화 작업을 수행합니다.
- Amplify DataStore는 기본적으로 오프라인 기능을 지원합니다.

CHAPTER 10

이미지와 스토리지 작업

많은 애플리케이션에는 파일, 이미지 및 비디오를 위한 스토리지 관리 방법이 필요합니다. 이런 파일들을 바이너리binary 데이터로 변환해서 데이터베이스에 직접 저장하는 것이 가능하지만, 일반적으로 좋은 방법이 아닙니다. 더 저렴하고, 더 빠르고, 더 안전한 Amazon S3와 같은 관리형 스토리지 서비스를 사용하는 것이 더 좋은 선택입니다.

10장에서는 설명과 함께 이미지를 업로드할 수 있는 사진 공유 애플리케이션을 만들어보겠습니다. 이 애플리케이션의 사용자는 업로드된 사진의 리스트를 실시간으로 확인할 수 있습니다.

10.1 Amazon S3

Amazon S3를 사용하면 필요에 따라 안전하게 파일 호스팅을 사용할 수 있습니다. Amplify Storage는 이미지, 비디오, PDF 등과 같은 파일을 저장하는 데 Amazon S3를 사용합니다.

Amplify Storage가 지원하는 파일 접근 타입에는 세 가지가 있습니다.

Public

`public`으로 설정된 파일은 애플리케이션의 모든 사용자가 접근할 수 있습니다. 이런 파일들은 S3 버킷의 `public/` 경로에 저장됩니다. 하지만 이것이 URL을 가진 모든 사용자가 해당 파일을 볼 수 있다는 것을 의미하진 않습니다. 파일을 보기 위해서는 Amplify SDK를 사용

하여 임시 서명된 파일의 URL을 받아야 합니다. 임시 서명된 URL은 설정된 시간(기본값 15분)이 지나면 만료됩니다.

Private

`private`로 설정된 파일의 읽기 권한은 모든 사용자에게 있지만, 쓰기 권한은 작성자에게만 있습니다. 파일은 S3의 `private/{user_identity_id}` 경로에 저장됩니다. `user_identity_id`는 사용자의 고유한 Amazon Cognito ID입니다.

Protected

`protected`로 설정된 파일은 개별 사용자만 접근할 수 있습니다. 파일은 `protected/{user_identity_id}` 경로에 저장되며, `user_identity_id`는 해당 사용자의 고유한 Amazon Cognito ID입니다.

다음과 같이 파일을 저장할 때 별도로 지정하지 않으면, 기본적으로 `public`으로 설정됩니다.

```
await Storage.put('test.txt', 'Hello')
```

`private` 혹은 `protected`로 설정하려면 저장할 때 `level`을 지정해야 합니다.

```
// private
await Storage.put('test.txt', 'Private Content', {
  level: 'private',
  contentType: 'text/plain'
})

// protected
await Storage.put('test.txt', 'Protected Content', {
  level: 'protected',
  contentType: 'text/plain'
})
```

Amplify Storage는 이미지, 비디오, PDF, 텍스트 파일 등의 파일 형식을 저장하는 데 Amazon S3를 사용합니다.

10장에서는 Amazon S3와 그래프QL API의 조합을 애플리케이션의 백엔드로 사용하겠습니다. 그래프QL 스키마는 이미지 제목, S3에 저장된 이미지 키와 고유 ID를 필드로 갖고 있습니다.

이제 애플리케이션에서 사용할 스키마를 살펴보겠습니다.

```
type Post @model {
  id: ID!
  title: String!
  imageKey: String!
}
```

새 게시물을 생성할 때 다음 두 가지 작업을 수행해야 합니다.

- 이미지에 고유한 키를 부여하고 S3 버킷에 저장합니다.
- 이미지 키를 포함한 게시물의 메타데이터는 그래프QL API로 저장합니다.

게시물을 읽을 때는 다음과 같은 순서로 이벤트가 발생합니다.

1. 그래프QL 쿼리를 실행하여 게시물 리스트를 가져옵니다.
2. 게시물 리스트에서 각 이미지에 대한 서명된 URL을 가져옵니다.
3. 이미지에 대한 서명된 URL을 사용하여 게시물을 렌더링합니다.

10장에서 만들 예제는 매우 일반적이고 유용한 패턴을 구현합니다. 이는 일반적으로 S3에 저장되는 이미지, 비디오 및 파일과 같은 큰 객체에 대한 참조와 API의 조합을 이용하는 애플리케이션을 구축하는 데 도움이 됩니다.

10.1.1 프로젝트 생성

애플리케이션 구축을 시작하기 위해 리액트 애플리케이션을 생성하고 종속성을 설치하겠습니다. 그런 다음 Amplify 프로젝트를 생성하겠습니다.

먼저 리액트 애플리케이션을 생성하겠습니다.

```
~ npx create-react-app photo-app
~ cd photo-app
```

다음으로 종속성을 설치하겠습니다. 이 프로젝트에서는 스타일링을 위한 Ant Design 라이브러리(antd), 고유한 식별자를 생성하기 위한 UUID 라이브러리(uuid), AWS Amplify 라이브러리(aws-amplify), AWS Amplify React 라이브러리(@aws-amplify/ui-react)를 사용합니다.

```
~ npm install antd uuid aws-amplify @aws-amplify/ui-react
```

마지막으로 Amplify 프로젝트를 생성하겠습니다.

```
~ amplify init

# 이전 프로젝트에서 했던 것처럼 단계를 진행합니다.
```

10.1.2 인증 추가

다음으로 인증 기능을 위해 auth를 추가하겠습니다.

```
~ amplify add auth

? Do you want to use the default authentication and security configuration?
  Default configuration
? How do you want users to be able to sign in? Username
? Do you want to configure advanced settings? No, I am done.
```

10.1.3 API 생성

다음으로 AppSync 그래프QL API를 생성하겠습니다.

```
~ amplify add api

? Please select from one of the below mentioned services: GraphQL
? Provide API name: photoapp
? Choose an authorization type for the API: Amazon Cognito User Pool
```

```
? Do you want to configure advanced settings for the API? No, I am done.
? Do you have an annotated GraphQL schema? N
? What best describes your project: Single object with fields
? Do you want to edit the schema now? Y
```

다음으로 그래프QL 스키마를 다음과 같이 수정하겠습니다.

```
type Post @model {
  id: ID!
  title: String!
  imageKey: String!
}
```

마지막으로 storage를 추가하겠습니다.

```
~ amplify add storage

? Please select from one of the below mentioned services: Content
? Please provide a friendly name for your resource that will be used to label
  this category in the project: photos
? Please provide bucket name: <버킷 이름>
? Who should have access: Auth users only
? What kind of access do you want for Authenticated users? Choose all (create/
  update, read, delete)
? Do you want to add a Lambda Trigger for your S3 Bucket? N
```

이제 서비스 설정과 구축 준비가 완료되었으니 백엔드를 배포하겠습니다.

```
~ amplify push
```

10.1.4 클라이언트 사이드 코드 작성

먼저 src/index.js를 열고 마지막 import 아래에 다음 코드를 추가하여 Amplify를 설정하겠습니다.

```
import 'antd/dist/antd.css'
import Amplify from 'aws-amplify'
import config from './aws-exports'
Amplify.configure(config)
```

이 애플리케이션은 게시물 리스트 화면과 게시물 작성 화면으로 구성되어 있습니다. 이제 src 디렉터리로 이동하여 애플리케이션에서 화면을 구성하는 컴포넌트를 만들겠습니다.

```
~ cd src
~ touch Posts.js CreatePost.js
~ cd ..
```

다음으로 src/App.js를 열고 다음과 같이 코드를 수정하겠습니다.

```
/* src/App.js */
import React, { useState } from 'react'
import { Radio } from 'antd'
import { withAuthenticator, AmplifySignOut } from '@aws-amplify/ui-react'
import Posts from './Posts'
import CreatePost from './CreatePost'

function App() {
  const [viewState, updateViewState] = useState('viewPosts')

  return (
    <div style={container}>
      <h1>Photo App</h1>
      <Radio.Group
        value={viewState}
        onChange={e => updateViewState(e.target.value)}
      >
        <Radio.Button value="viewPosts">View Posts</Radio.Button>
        <Radio.Button value="addPost">Add Post</Radio.Button>
      </Radio.Group>
      {
        viewState === 'viewPosts' ? (
          <Posts />
        ) : (
          <CreatePost updateViewState={updateViewState} />
        )
```

```
      }
      <AmplifySignOut />
    </div>
  );
}

const container = { width: 500, margin: '0 auto', padding: 50 }

export default withAuthenticator(App)
```

App 컴포넌트는 Posts 컴포넌트와 CreatePost 컴포넌트를 가져와서 viewState 상태에 따라 둘 중 하나를 렌더링합니다.

viewState는 useState Hook을 사용해서 만들었습니다. Ant Design에서 제공하는 라디오 그룹을 이용하여 [View Posts] 버튼 또는 [Add Post] 버튼을 렌더링하고, 이 버튼을 통해 viewState의 값을 전환합니다.

다음으로 src/CreatePost.js를 열고 다음과 같이 수정하겠습니다.

```
/* src/CreatePost.js */
import React, { useState } from 'react'
import { Button, Input } from 'antd'
import { v4 as uuid } from 'uuid'
import { createPost } from './graphql/mutations'
import { API, graphqlOperation, Storage } from 'aws-amplify'

const initialFormState = {
  title: '',
  image: {}
}

function CreatePost({ updateViewState }) {
  const [formState, updateFormState] = useState(initialFormState)

  function onChange(key, value) {
    updateFormState({ ...formState, [key]: value })
  }

  function setPhoto(e) {
    if (!e.target.files[0]) return
    const file = e.target.files[0]
```

```
    updateFormState({ ...formState, image: file })
  }

  async function savePhoto() {
    const { title, image } = formState
    if (!title || !image.name ) return

    const imageKey =
      uuid() + formState.image.name.replace(/\s/g, '-').toLowerCase()
    await Storage.put(imageKey, formState.image)
    const post = { title, imageKey }
    await API.graphql(graphqlOperation(createPost, { input: post }))
    updateViewState('viewPosts')
  }

  return (
    <div>
      <h2 style={heading}>Add Photo</h2>
      <Input
        onChange={e => onChange('title', e.target.value)}
        style={withMargin}
        placeholder="Title"
      />
      <input
        type="file"
        onChange={setPhoto}
        style={button}
      />
      <Button
       style={button}
       type="primary"
       onClick={savePhoto}
      >
      Save Photo</Button>
    </div>
  );
}

const heading = { margin: '20px 0px' }
const withMargin = { marginTop: 10 }
const button = { marginTop: 10 }

export default CreatePost
```

CreatePost 컴포넌트

CreatePost 컴포넌트에서는 사용자가 이미지를 업로드하고 이미지와 제목을 사용하여 새 게시물을 만들 수 있습니다.

1. CreatePost 컴포넌트에서는 useState Hook을 사용해서 formState 상태를 만들었습니다. formState는 title과 image를 갖고 있습니다.
2. onChange 함수는 사용자가 이미지의 제목을 입력할 때 formState의 title을 업데이트합니다.
3. setPhoto 함수는 사용자가 선택한 이미지를 이용해 formState의 image를 업데이트합니다.
4. savePhoto 함수는 S3에 이미지를 업로드하고 그래프QL 뮤테이션을 이용하여 AppSync에 게시물 정보를 저장합니다.
   a. 이미지의 name과 uuid의 조합을 이용하여 imageKey 변수를 생성합니다.
   b. imageKey를 키로 사용하여 S3에 이미지를 저장합니다.
   c. 이미지가 저장되면 title과 imageKey를 전달하고 그래프QL 뮤테이션을 사용하여 새 Post를 생성합니다.

다음으로 src/Posts.js를 열고 다음과 같이 수정하겠습니다.

```
/* src/Posts.js */
import React, { useReducer, useEffect } from 'react'
import { listPosts } from './graphql/queries'
import { onCreatePost } from './graphql/subscriptions'
import { API, graphqlOperation, Storage } from 'aws-amplify'

function reducer(state, action) {
  switch(action.type) {
    case 'SET_POSTS':
      return  action.posts
    case 'ADD_POST':
      return [action.post, ...state]
    default:
      return state
  }
}

async function getSignedPosts(posts) {
  const signedPosts = await Promise.all(
    posts.map(async item => {
```

```
      const signedUrl = await Storage.get(item.imageKey)
      item.imageUrl = signedUrl
      return item
    })
  )
  return signedPosts
}

function Posts() {
  const [posts, dispatch] = useReducer(reducer, [])

  useEffect(() => {
    fetchPosts()

    const subscription = API.graphql(graphqlOperation(onCreatePost)).subscribe({
      next: async post => {
        const newPost = post.value.data.onCreatePost
        const signedUrl = await Storage.get(newPost.imageKey)
        newPost.imageUrl = signedUrl
        dispatch({ type: 'ADD_POST', post: newPost })
      }
    })
    return () => subscription.unsubscribe()
  }, [])

  async function fetchPosts() {
    const postData = await API.graphql(graphqlOperation(listPosts))
    const { data: { listPosts: { items }}} = postData
    const signedPosts = await getSignedPosts(items)
    dispatch({ type: 'SET_POSTS', posts: signedPosts })
  }

  return (
    <div>
      <h2 style={heading}>Posts</h2>
      {
        posts.map(post => (
          <div key={post.id} style={postContainer}>
            <img style={postImage} src={post.imageUrl} />
            <h3 style={postTitle}>{post.title}</h3>
          </div>
        ))
      }
    </div>
```

```
  )
}

const postContainer = {
  padding: '20px 0px 0px',
  borderBottom: '1px solid #ddd'
}
const heading = { margin: '20px 0px' }
const postImage = { width: 400 }
const postTitle = { marginTop: 4 }

export default Posts
```

useReducer

Posts 컴포넌트에서는 애플리케이션 상태를 관리하기 위해 useReducer Hook을 사용합니다. reducer에는 게시물 추가(ADD_POST)와 게시물 리스트를 설정(SET_POSTS)하는 두 가지 작업이 있습니다.

Posts 컴포넌트

Posts 컴포넌트에는 두 가지 주요 사항이 있습니다.

useEffect

컴포넌트가 마운트되면 useEffect Hook이 작동하여 새 그래프QL 서브스크립션을 생성하고 fetchPosts 함수를 호출합니다.

1. onCreatePost 서브스크립션을 사용해서 생성되는 새 게시물을 수신합니다.
2. 새 게시물(post)이 생성되면 해당 데이터가 인수로 전달되며 next 함수가 실행됩니다.
3. 새 게시물의 imageKey와 함께 Storage API인 Storage.get을 호출해서 서명된 URL을 가져옵니다.
4. 서명된 URL을 이용하여 새 게시물에 imageUrl 필드를 추가합니다. 그런 다음 reducer로 ADD_POST와 함께 전달하여 새 게시물을 상태에 추가합니다.

fetchPosts

fetchPosts 함수는 API를 통해 게시물을 가져온 다음 getSignedPosts 함수를 호출합니다.

1. getSignedPosts 함수는 게시물 리스트의 모든 항목에 대해 서명된 URL을 가져와서 각 항목의 imageUrl 필드에 할당합니다.
2. 서명된 URL을 가진 게시물 리스트가 반환되면, 게시물 리스트를 SET_POST 타입과 함께 reducer로 전달하여 posts 상태를 업데이트합니다.

이제 애플리케이션을 실행하고 테스트해보겠습니다.

```
~ npm start
```

두 개의 창에서 애플리케이션을 실행하여 한 창에서 게시물을 확인하고 다른 창에서 게시물을 만들면 서브스크립션 실시간 기능을 테스트할 수 있습니다.

10.2 마치며

다음은 10장에서 기억해야 하는 내용입니다.

- Amplify Storage를 사용할 때 URL로 직접 이미지를 참조할 수 없기 때문에 Storage.get 호출을 통해 받아온 서명된 URL을 이용해야 합니다.
- 서명된 URL이 있는 파일이 반환되면 기본적으로 15분 동안 유효하며, 이후에는 만료됩니다. expires 옵션을 전달하여 서명된 URL의 만료 시기를 변경할 수 있습니다.
- 이미지 리스트를 사용할 때 Promise.all을 사용하여 리스트의 모든 항목에 대해 서명된 URL을 가져올 수 있습니다.

CHAPTER 11

호스팅: CI/CD를 이용한 애플리케이션 배포

애플리케이션을 구축하는 방법을 살펴봤으니, 이번에는 애플리케이션을 세상에 보여주는 방법에 대해 알아보겠습니다. 11장에서는 Amplify를 이용한 몇 가지 호스팅 옵션과 사용자 지정 도메인 이름을 사용하여 애플리케이션을 배포하는 방법에 대해 알아보겠습니다.

11장에서 사용할 서비스는 Amplify Console 호스팅 서비스입니다. Amplify Console은 정적 사이트와 풀스택 서버리스 애플리케이션을 배포하기 위한 간단한 워크플로workflow를 제공하는 완전 관리형 호스팅 서비스입니다. Amplify Console을 사용하여 CLI, 깃허브 저장소repository를 이용하거나 혹은 수동으로 코드를 배포하면 서비스가 애플리케이션을 빌드하고 배포합니다.

리액트, 뷰, 앵귤러 또는 개츠비Gatsby, 넥스트Next, 넉스트Nuxt 같은 프레임워크를 이용하여 작업할 때, 일반적으로 실행되어야 하는 **빌드** 단계가 있습니다. 이 단계에서는 모든 자바스크립트, CSS, 이미지를 사용하여 웹팩webpack 같은 모듈 번들러bundler를 통해 배포할 수 있도록 빌드합니다.

Amplify Console을 사용하면 애플리케이션의 빌드를 설정할 수 있습니다. 새 버전을 배포할 준비가 되면 Amplify Console은 파일들을 이용해서 빌드하고 라이브 도메인에 배포합니다.

다음은 11장에서 다루는 내용입니다.

CLI 기반 배포

로컬 프로젝트를 사용하여 CLI에서 애플리케이션을 직접 Amplify Console 호스팅으로 배포합니다.

깃 기반 배포

깃허브 저장소를 사용하여 Amplify Console 호스팅에 애플리케이션을 배포하고 변경 사항이 master[1] 브랜치branch에 병합될 때 새 빌드를 트리거하는 방법을 알아봅니다.

액세스 제어

사용자 이름과 비밀번호를 사용하여 브랜치 접근을 제한하는 액세스 제어를 추가합니다.

사용자 지정 도메인

배포에 사용자 지정 도메인 이름을 사용합니다.

11.1 CLI 기반 배포

11.1절에서는 CLI에서 직접 애플리케이션을 Amplify Console 호스팅에 배포하는 방법을 알아보겠습니다.

먼저 리액트 애플리케이션을 생성하겠습니다.

```
~ npx create-react-app fullstack-app
~ cd full-stack-app
~ npm install aws-amplify @aws-amplify/ui-react
```

다음으로 새 Amplify 프로젝트를 생성하고 인증을 추가하겠습니다.

```
~ amplify init
```

1 옮긴이_ 현재 깃헙의 기본 브랜치는 main으로 변경되었습니다. 깃헙에서 생성한 저장소를 수정 없이 기본 브랜치를 이용할 경우 main 브랜치를 이용하면 됩니다. https://github.com/github/renaming

```
# 이전 프로젝트에서 했던 것처럼 단계를 진행합니다.

~ amplify add auth

? Do you want to use the default authentication and security configuration?
Default configuration
? How do you want users to be able to sign in? Username
? Do you want to configure advanced settings? No, I am done.
```

init 명령어를 실행하여 지금까지 경험했던 것과 동일하게 질문에 맞춰 진행합니다.

빌드 명령어뿐만 아니라 소스 디렉터리와 배포 디렉터리를 확인하는 단계도 있습니다. 기본적으로 Amplify CLI는 프레임워크를 감지하고 리액트 프로젝트와 같은 인기 있는 프레임워크에 대해 이런 값들을 자동으로 설정합니다.

Amplify CLI가 인식하지 못하는 프레임워크를 사용하거나 사용자 정의 빌드 설정을 사용하는 경우에는 이런 값들을 다른 값으로 설정해야 합니다.

다음으로 hosting을 추가하겠습니다.

```
~ amplify add hosting

? Select the plugin module to execute: Hosting with Amplify Console
? Choose a type: Manual Deployment
```

이제 프런트엔드 코드를 수정하여 인증 기능과 환영 메시지를 추가하겠습니다.

먼저 src/index.js를 열고 마지막 import 아래에 다음 코드를 추가하여 Amplify를 설정하겠습니다.

```
import Amplify from 'aws-amplify'
import config from './aws-exports'
Amplify.configure(config)
```

그런 다음 src/App.js를 다음과 같이 수정하겠습니다.

```
import React from 'react'
import logo from './logo.svg'
```

```
import './App.css'

import { withAuthenticator } from '@aws-amplify/ui-react'

function App() {
  return (
    <div className="App">
      <header className="App-header">
        <img src={logo} className="App-logo" alt="logo" />
        <h1>Hello World!</h1>
      </header>
    </div>
  );
}

export default withAuthenticator(App, { includeGreetings: true })
```

이제 애플리케이션이 배포될 준비가 되었습니다. `publish` 명령어를 실행하여 프런트엔드와 백엔드를 모두 배포할 수 있습니다. `publish` 명령어는 프런트엔드와 백엔드 코드 **모두**를 Amplify Console로 배포합니다.

```
~ amplify publish
```

배포가 완료되면 애플리케이션의 프런트엔드와 백엔드 서비스 설정을 확인할 수 있습니다.

```
~ amplify console

? Which site do you want to open? Console
```

Amplify Console 대시보드에서 방금 배포한 애플리케이션의 이름을 클릭합니다. 애플리케이션 이름을 클릭하면 [그림 11-1]처럼 [Frontend environments]와 [Backend environments]를 클릭하여 모두 확인할 수 있습니다.

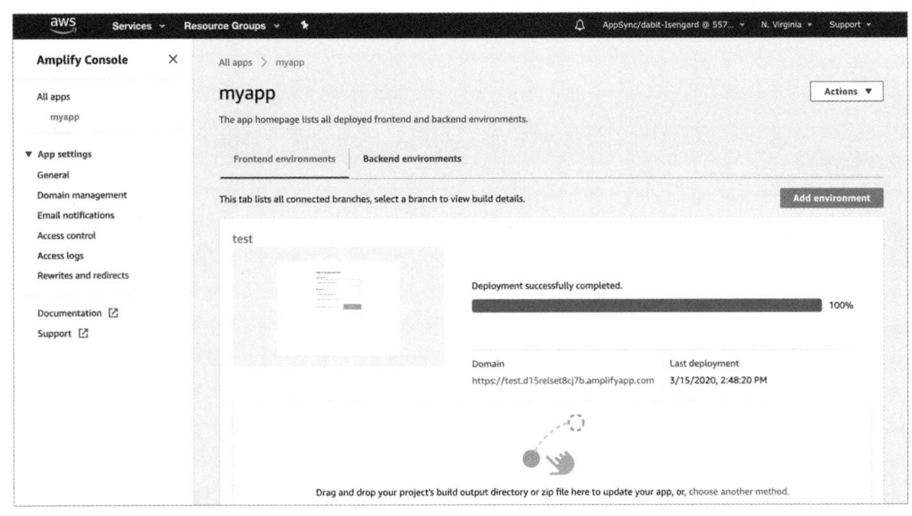

그림 11-1 Amplify Console

[Frontend environments] 탭에서 제공되는 URL을 클릭하여 Amplify Console에서 호스팅하는 라이브 웹사이트를 볼 수 있습니다. 도메인 URL은 다음과 같은 형태입니다.

- `https://env_name.deployment_id.amplifyapp.com`

왼쪽 메뉴에는 사용자 지정 도메인을 위한 [Domain management](11.4절 참고), 빌드 이벤트에 대한 이메일 알림 [Email notifications], 액세스 제어를 할 수 있는 [Access control](11.3절 참고), [Access logs]와 다시 쓰기 및 리디렉션을 위한 [Rewrites and redirects] 등이 있습니다.

`publish` 명령어를 이용해서 업데이트된 새 버전의 애플리케이션을 배포할 수 있습니다.

11.2 깃 기반 배포

이제 깃허브 저장소에 저장된 Amplify 애플리케이션을 이용하여 깃 기반 배포 방법에 대해 알아보겠습니다. 로컬 프로젝트에서 진행하는 배포는 잘 동작하지만, 깃 저장소를 이용해서 혼자 또는 팀과 작업하는 경우가 많습니다. Amplify Console은 깃 기반 배포를 지원할 뿐만 아니라 병합과 기능 브랜치 배포feature branch deployment[2] (브랜치별 배포)에 대한 자동 배포 기능이 내장되어 있습니다.

이미 구축하고 배포한 애플리케이션을 이용해서 깃허브 저장소에서 Amplify Console로 배포하는 방법을 알아보겠습니다.

첫 번째 단계로 11.1절에서 애플리케이션에 설정한 Amplify 백엔드를 제거하겠습니다.

```
~ amplify delete
```

그런 다음 새 Amplify 프로젝트를 생성하고 인증을 추가하겠습니다.

```
~ amplify init

# 이전 프로젝트에서 했던 것처럼 단계를 진행합니다.

~ amplify add auth

? Do you want to use the default authentication and security configuration?
Default configuration
? How do you want users to be able to sign in? Username
? Do you want to configure advanced settings? No, I am done.
```

이제 push 명령어를 이용하여 백엔드를 배포하겠습니다.

```
~ amplify push
```

이제 애플리케이션을 저장할 깃허브 저장소를 만들겠습니다.

11.2.1 깃허브 저장소 생성

다음으로 해야 할 일은 깃허브[3]로 이동해서 새 저장소를 만드는 것입니다. [그림 11-2]처럼 'my-react-app'이라는 새로운 저장소를 만들겠습니다.

2 옮긴이_ https://docs.aws.amazon.com/ko_kr/amplify/latest/userguide/multi-environments.html

3 https://github.com

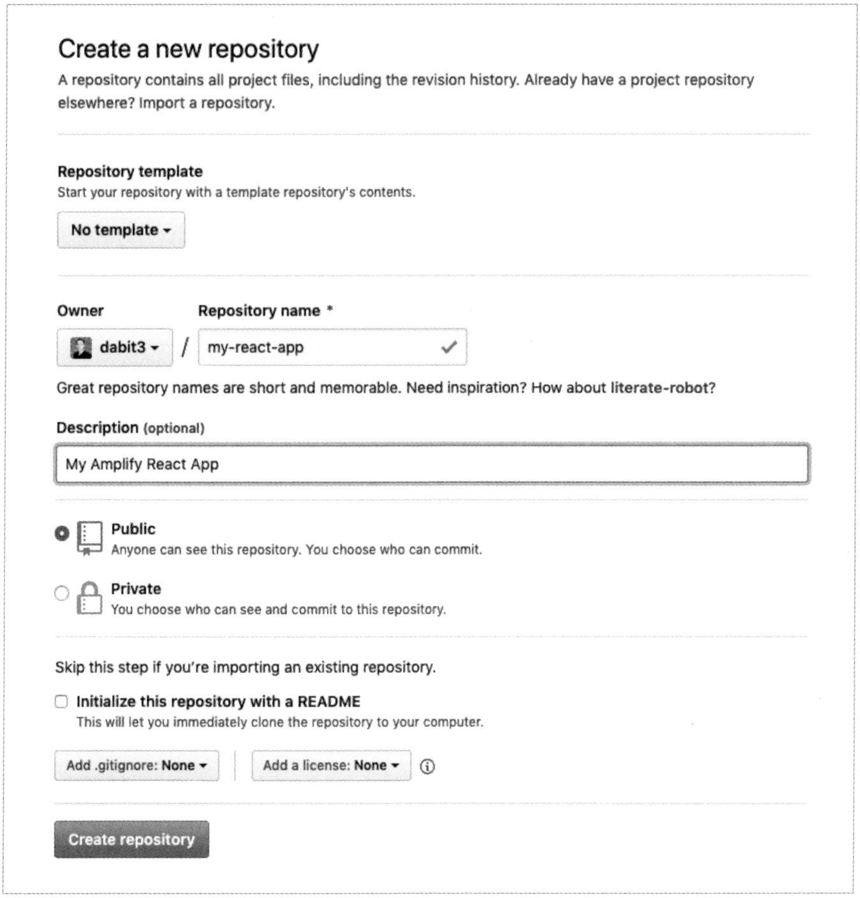

Create a new repository

A repository contains all project files, including the revision history. Already have a project repository elsewhere? Import a repository.

Repository template

Start your repository with a template repository's contents.

No template ▾

Owner Repository name *

dabit3 ▾ / my-react-app ✓

Great repository names are short and memorable. Need inspiration? How about literate-robot?

Description (optional)

My Amplify React App

Public
Anyone can see this repository. You choose who can commit.

Private
You choose who can see and commit to this repository.

Skip this step if you're importing an existing repository.

Initialize this repository with a README
This will let you immediately clone the repository to your computer.

Add .gitignore: None ▾ Add a license: None ▾

Create repository

그림 11-2 깃허브 저장소 생성

저장소를 생성하면 [그림 11-3]과 같은 형태의 저장소 URI를 확인할 수 있습니다.

```
git@github.com:dabit3/my-react-app.git
```

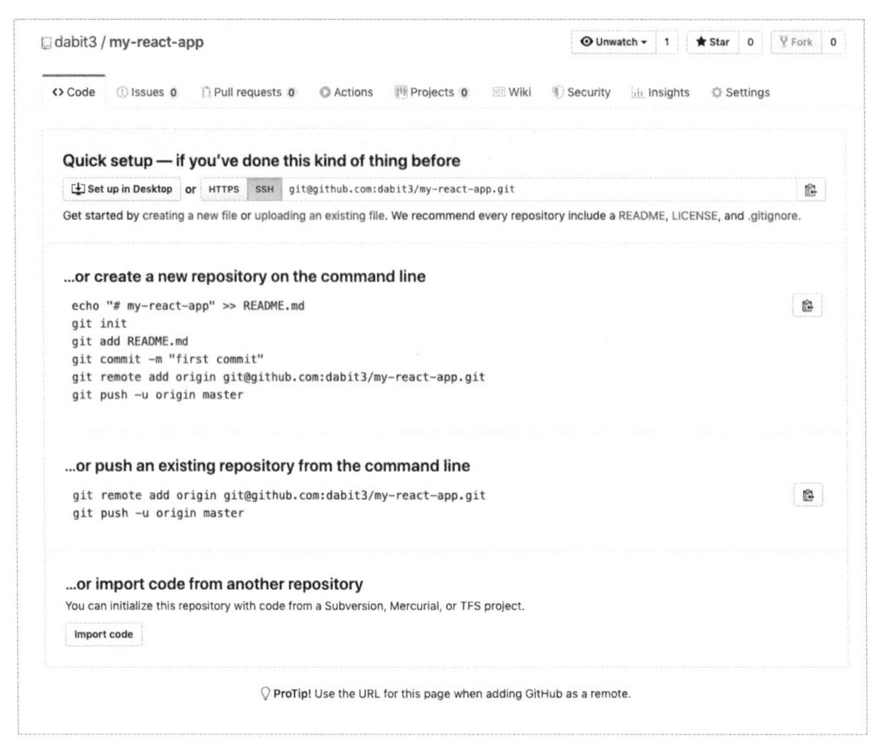

그림 11-3 깃허브 저장소 URI

브라우저의 저장소 URI를 이용해서 다음과 같이 로컬 애플리케이션에서 깃허브 프로젝트를 설정합니다.

```
~ git init
~ git remote add origin git@github.com:your_github_username/my-react-app.git
```

그런 다음 변경 내용을 `push` 명령어를 이용하여 깃허브 저장소로 업로드합니다.

```
~ git add .
~ git commit -m 'initial commit'
~ git push origin master
```

이제 애플리케이션을 깃허브 저장소를 Amplify Console 호스팅으로 연결할 수 있습니다. 이를 위해 CLI에서 `hosting`을 추가하겠습니다.

```
~ amplify add hosting

? Select the plugin module to execute: Hosting with Amplify Console
? Choose a type: Continuous deployment (Git-based deployments)
```

NOTE_ 소스 코드 공급자로 깃허브를 선택할 수 있도록 Amplify Console에서 [Frontend environments] 탭을 열어야 합니다.

1. Amplify Console에서 소스 코드 공급자로 [GitHub]를 선택한 다음 [Connect branch]를 클릭합니다.
2. 그런 다음 깃허브로 로그인하고 방금 생성한 새 저장소와 master 브랜치를 선택하고 [Next] 버튼을 클릭합니다.
3. 'Configure build settings' 페이지의 'Select a backend environment'에서 이미 생성되어 있는 환경을 선택합니다.
4. 'Configure build settings' 페이지의 'Select an existing service role or create a new one so Amplify Console may access your resources'에서는 [Create new role]을 클릭해서 새 IAM 역할을 생성합니다.
   a. [Next: Permissions], [Next: Tags], [Next: Review], [Create Role]를 클릭하여 새 IAM 역할을 만듭니다.
   b. Amplify Console 페이지로 돌아가 [Refresh existing roles] 버튼을 클릭하여 드롭다운dropdown에서 새로 생성된 역할을 선택합니다.
5. [Next] 버튼을 클릭합니다.
6. 'Review' 페이지에서 [Save and deploy] 버튼을 클릭하여 애플리케이션을 배포합니다.

이제 애플리케이션이 Amplify Console에 배포되었으며 새 빌드가 시작됩니다. 빌드가 완료되면 배포된 애플리케이션을 볼 수 있는 URL이 제공됩니다.

11.2.2 깃 기반 CI/CD

이제 애플리케이션이 배포되었으니 깃허브 저장소에 있는 애플리케이션에 변화가 있을 때 배포가 진행되도록 하는 방법을 알아보겠습니다.

깃 기반 CI/CD를 이용하면 깃에 직접 업로드하여 모든 브랜치에 대해 배포와 테스트를 진행할 수 있습니다. 변경 내용이 병합되면 새 빌드가 시작됩니다. 배포가 완료된 후, 제공되는 URL을 이용하여 변경된 내용이 적용된 것을 확인할 수 있습니다.

이런 방법으로 prod(운영), dev(개발), feature_name(새 기능)과 같은 브랜치를 배포할 수 있습니다. 이런 방법을 이용하면 프런트엔드뿐만 아니라 백엔드도 라이브 환경에서 변경 사항을 테스트할 수 있습니다.

새 빌드를 시작하기 위해 `src/App.js`를 수정한 다음 깃허브에 업로드하겠습니다.

```
~ git add .
~ git commit -m 'updates to App.js'
~ git push origin master
```

이제 Amplify Console에서 해당 애플리케이션을 확인하면 새 빌드가 자동으로 시작되는 것을 확인할 수 있습니다.

11.3 액세스 제어

다음으로 비밀번호를 이용하여 액세스 제어를 활성화하는 방법에 대해 알아보겠습니다.

액세스 제어를 사용해서 특정 브랜치가 배포된 URL을 확인하기 위해 사용자 이름과 비밀번호를 반드시 입력하도록 지정할 수 있습니다. 이 기능은 팀 외부 사람이 발견할 수 없도록 설정해야 하는 비공개 기능 테스트에 특히 유용합니다.

다음은 액세스 제어를 사용하는 방법입니다.

1. 왼쪽 메뉴에서 [Access control]을 클릭합니다.
2. 다음으로 [Manage access]를 클릭합니다.
3. master 브랜치의 'Access setting'을 [Restricted - password required]로 설정하고 사용자 이름과 암호를 설정합니다.

이제 배포된 URL로 이동해보면, 사용자 이름과 비밀번호를 입력하지 않으면 화면을 볼 수 없습니다.

액세스 제어 메뉴에서 브랜치별로 액세스 제어를 설정할 수도 있습니다.

11.4 사용자 지정 도메인

마지막으로 사용자 지정 도메인 이름을 사용하는 방법에 대해 알아보겠습니다.

사용자 지정 도메인을 사용하려면 다음 세 가지 작업이 필요합니다.

- Amazon Route 53에 도메인을 추가합니다.
- 사용 중인 도메인 제공 업체의 DNS 설정에서 네임 서버name server를 설정합니다.
- Route 53에 추가된 도메인을 사용하도록 Amplify Console에서 애플리케이션을 설정합니다.

이 작업을 수행하는 방법은 다음과 같습니다.

1. AWS 대시보드의 서비스 드롭다운 메뉴에서 Route 53을 검색하거나 클릭합니다.
2. [Hosted zones]를 클릭합니다.
3. [Create hosted zone]을 클릭합니다.
4. 'Domain name' 필드에 URL을 추가하여 도메인 이름을 설정한 후 [Create hosted zone] 버튼을 클릭합니다.

호스팅 영역hosted zone을 생성하면 네 개의 네임 서버 값이 지정됩니다. 다음 단계에서 이 값들이 필요하니 사용하기 편한 곳에 보관해야 합니다. 물론 언제든지 Route 53 대시보드에서 이 값들을 확인할 수 있습니다. 네임 서버는 다음과 같은 형태로 제공됩니다.

```
ns-1020.awsdns-63.net
ns-1523.awsdns-62.org
ns-244.awsdns-30.com
ns-1724.awsdns-23.co.uk
```

1. 이제 호스팅 계정(예: 고 대디Godaddy, 구글 도메인Google Domains)으로 이동하여 사용 중인 도메인의 DNS 설정을 Route 53에서 제공되는 값들로 설정합니다.

2. Amplify Console의 왼쪽 메뉴에서 [Domain management]를 클릭합니다. 그런 다음 'Domain management' 페이지에서 [Add domain] 버튼을 클릭합니다.
3. 드롭다운 메뉴에서 Route 53에 있는 도메인을 선택하고 [Configure domain] 버튼을 클릭합니다.

이렇게 하면 애플리케이션이 사용자 지정 도메인에 배포됩니다(DNS가 적용되는 데 5~30분이 소요됩니다).

11.5 마치며

다음은 11장에서 기억해야 하는 내용입니다.

- Amplify Console을 이용하여 백엔드와 프런트엔드 모두를 배포할 수 있습니다.
- 프런트엔드를 Amplify Console로 배포하는 방법에는 로컬 프로젝트와 깃 저장소를 이용하는 두 가지가 있습니다. 또한 수동으로 프로젝트를 업로드하거나 드롭박스Dropbox에서 호스팅할 수도 있습니다.
- 애플리케이션이 호스팅되면 비밀번호 보호, 사용자 지정 도메인과 브랜치 배포 같은 설정을 Amplify Console에서 할 수 있습니다.

INDEX

INDEX

INDEX

INDEX